PANDUAN MEMASAK IRISH TERAKHIR

Dari Dublin ke Donegal: Menguasai Seni Masakan Ireland

Shafiqah binti Mat

Bahan Hak Cipta ©2024

Hak cipta terpelihara

Tiada bahagian buku ini boleh digunakan atau dihantar dalam apa jua bentuk atau dengan sebarang cara tanpa kebenaran bertulis yang sewajarnya daripada penerbit dan pemilik hak cipta, kecuali petikan ringkas yang digunakan dalam semakan . Buku ini tidak boleh dianggap sebagai pengganti nasihat perubatan, undang-undang atau profesional lain.

ISI KANDUNGAN

ISI KANDUNGAN 3	
PENGENALAN 6	
SARAPAN 7	
1. Telur dadar Ireland 8	
2. Oatmeal Ireland 10	
3. Lempeng kentang Ireland 12	
4. Lempeng Wicklow 14	
5. Sarapan tradisional Ireland 16	
6. Scone sarapan Ireland 18	
7. Sosej sarapan Ireland 20	
8. Irish Potato Boxty 22	
9. Irish Deviled Eggs 24	
10. Sandwic Salad Telur Gaya Ireland 26	
PEMBUAT SELERA DAN KUDAPAN 28	
11. Puding hitam 29	
12. Celup Keju Ireland 31	
13. Mufin kopi Ireland 33	
14. Nachos Ireland yang Dilapisi Reuben 35	
15. Peluncur daging kornet Guinness 38	
16. Bebola daging berlapis Guinness 41	
17. Pasties Ireland 43	
18. Roti Sosej Ireland 46	
SKUN DAN ROTI 49	
19. Scones Keju Savory 50	
20. Roti Soda Ireland 52	
21. Roti Gandum Ireland 54	
22. Irish atau Dublin Coddle 56	
23. Roti Ireland dengan krim masam 58	
24. Roti rumah ladang Ireland 60	
25. Roti oat Ireland 62	
26. Roti yogurt Ireland 65	
27. Roti soda gandum Ireland 67	
28. Roti bir Ireland 69	
29. Roti barmbrack Ireland 71	
30. Roti jeragat Ireland 73	
31. Roti rempah 76	
KURSUS UTAMA 78	
32. Juara Ireland 79	
33. Colcannon dengan kubis atau kangkung 81	
34. Dieja dan Daun Bawang 83	
35. Ikan kod dengan kunyit dan tomato 85	

36. Merpati dan Gemuk 87
37. Periuk panas kambing 89
38. Kuah Ayam dengan banyak kebaikan 91
39. Ayam dan Kerepek Rom dengan Rosemary dan Thyme ... 93
40. Pasta Satu Periuk dengan Tomato dan Chorizo 95
41. Kubis dan daging 98
42. Ikan haring sumbat bakar 100
43. Saderi rebus 102
44. Ikan salmon berkulit lima rempah dengan sauerkraut ... 104
45. Ikan kembung bawang putih 106
46. Kerang mentega panas 108
47. Kentang kayu manis Ireland 110
48. Pinggang Ireland daging babi dengan lemon dan herba ... 112
49. Daging babi Ireland dalam gemuk dengan rempah 114
50. Trout dibakar gaya Ireland 117

STEW DAN SUP 119
51. Rebus Kambing Ireland 120
52. Parsnip bakar gaya Ireland 122
53. Chowder Makanan Laut Ireland 124
54. Daging Lembu dan Stew Guinness 126
55. Panggang periuk Ireland-Mex 129
56. Rebusan Ayam dengan Ladu 131
57. Krim sup kerang 134
58. Babi rebus Dublin 136
59. Sup kacang segar 138
60. Krim Ireland segera sup kentang 140
61. Sup lobak dan daging 142

PERUBAHAN 144
62. Beg Rempah Ireland 145
63. Halia marmalade 147
64. Sos spageti, gaya Ireland 149

PENJERAHAN 151
65. Lelaki Kuning Ireland 152
66. Puding Coklat Fudge dengan Hazelnut Panggang 154
67. Rhubarb Panggang 157
68. Puding lumut karagin 159
69. Puding roti dan mentega 161
70. Jeruk hangus 163
71. Kek krim Ireland 165
72. Truffle krim Ireland Baileys 167
Pai 169
74. Tukang kasut ikan kod 171
75. Kek teh Ireland berlapis 173

76. Jeli masam wiski Ireland hijau 176
77. Kek coklat Ireland 178
78. Torte kopi Ireland 180
79. Yogurt beku krim Ireland 182
80. Pai labu creme Ireland 184
81. Pencuci mulut jig Ireland 186
82. Kuki renda Ireland 188

MINUMAN IRISH **190**

83. Kopi Ireland Packy 191
84. Kopi Ireland 193
85. Clondalkin Snug 195
86. Jambatan Ha' Penny 197
87. Halia Campbell 199
88. Kopi Ireland klasik 201
89. Pukulan kopi-telur Ireland 203
90. Smoothie Ireland 205
91. Kopi Ireland Kahlua 207
92. Bailey's Irish Cappuccino 209
93. Good Old Irish 211
94. Kopi Ireland Bushmills 213
95. Kopi Ireland Hitam 215
96. Kopi Ireland Berkrim 217
97. Kopi Ireland Lama 219
98. Kopi Rum 221
99. Dublin Dream 223
100. Penembak Wiski 225

PENUTUP **227**

PENGENALAN

Céad Batu failte ! Selamat datang ke "PANDUAN MEMASAK IRISH TERAKHIR," pasport anda untuk menguasai seni masakan Ireland dari Dublin ke Donegal. Panduan ini adalah perayaan warisan masakan Ireland yang kaya, menawarkan anda perjalanan komprehensif melalui hidangan tradisional, rasa serantau dan kemesraan layanan Ireland. Sertai kami dalam pengembaraan gastronomi yang membawa hati dan jiwa masakan Ireland ke dapur anda.

Bayangkan sebuah meja yang sarat dengan rebusan yang enak, roti soda yang dibakar dengan sempurna, dan pencuci mulut yang mewah dan memanjakan—semuanya diilhamkan oleh kepelbagaian landskap dan pengaruh budaya Ireland. "PANDUAN MEMASAK IRISH TERAKHIR" bukan sekadar koleksi resipi; ia adalah penerokaan bahan, teknik dan cerita yang menjadikan masakan Ireland tradisi yang unik dan dihargai. Sama ada anda mempunyai akar Ireland atau sekadar menghargai keselesaan dan rasa masakan ini, resipi ini direka untuk membimbing anda melalui selok-belok masakan Ireland.

Daripada klasik seperti rebusan Ireland dan colcannon kepada kelainan kontemporari pada makanan laut dan pencuci mulut, setiap resipi adalah perayaan kesegaran, kesederhanaan dan keenakan yang mentakrifkan hidangan Ireland. Sama ada anda merancang jamuan perayaan atau makan malam keluarga yang selesa, panduan ini adalah sumber utama anda untuk membawa rasa asli Ireland ke meja anda.

Sertai kami sambil kami merentasi landskap kulinari Dublin ke Donegal, di mana setiap ciptaan adalah bukti rasa bersemangat dan pelbagai yang menjadikan masakan Ireland sebagai tradisi masakan yang dihargai. Jadi, pakai apron anda, rangkul semangat keramahan Ireland, dan mari memulakan perjalanan kulinari melalui "Panduan Memasak Ireland Terunggul."

SARAPAN PAGI

1. **Telur dadar Ireland**

Membuat: 2 Hidangan

BAHAN-BAHAN:
- 6 biji telur kecil
- 1 Lg. kentang masak; tumbuk
- Perah jus lemon
- 1 sudu besar daun kucai atau daun bawang dicincang
- Garam dan lada sulah
- 1 sudu besar Mentega

ARAHAN:
a) Asingkan telur dan pukul kuning: masukkan ke dalam kentang tumbuk, kacau sebati, kemudian masukkan jus lemon, daun bawang, dan garam dan lada sulah. Cairkan mentega dalam kuali telur dadar .
b) Pukul putih telur sehingga kembang dan kacau ke dalam adunan kentang. Masak adunan sehingga kekuningan, kemudian masukkan ke bawah ayam daging hingga habis dan kembangkan. Hidangkan sekali gus.

2. <u>oat Ireland</u>

Membuat: 4 Hidangan

BAHAN-BAHAN:
- 4 cawan Air
- 1 sudu teh Garam
- 1 cawan Oat potong keluli (Oat Ireland)
- 4 sudu teh Gula Perang

ARAHAN:
a) Dalam periuk sederhana di atas api sederhana tinggi, satukan air dan garam. Biarkan mendidih. Masukkan oat secara beransur-ansur, kacau sentiasa.
b) Kecilkan api kepada perlahan dan renehkan. Kacau selalu sehingga air diserap dan oat berkrim, kira-kira 30 minit. Bahagikan oat yang telah dimasak kepada 4 mangkuk. Taburkan 1 sudu teh gula perang pada setiap mangkuk oat. Hidangkan segera

3. **Lempeng kentang Ireland**

Membuat: 8 hidangan

BAHAN-BAHAN:
- 1 cawan kentang tumbuk
- 2 cawan Tepung
- 1 sudu teh Garam
- 1 Sudu besar serbuk penaik
- 2 biji telur dipukul
- 1 cawan Susu
- 4 sudu besar sirap jagung ringan
- 1 sudu besar Pala

ARAHAN:
a) Campurkan semua bahan. Pukul dengan baik.
b) Bakar di atas griddle yang telah digris sehingga perang kedua-dua belah.

4. **Lempeng Wicklow**

Membuat: 4 hidangan

BAHAN-BAHAN:
- 4 biji telur
- 600 mililiter Susu
- 4 auns serbuk roti segar
- 1 sudu besar pasli, dicincang
- 1 secubit thyme dicincang
- 2 sudu besar daun kucai atau daun bawang dicincang
- 1 x Garam dan lada sulah
- 2 sudu besar Mentega

ARAHAN:
a) Pukul telur perlahan-lahan, kemudian masukkan susu, serbuk roti, herba dan perasa, dan gaul rata.
b) Panaskan 1 sudu besar mentega dalam kuali sehingga berbuih, kemudian tuangkan adunan dan masak dengan api perlahan hingga keperangan di bawahnya dan letak di atas.
c) Letakkan di bawah gril hingga selesai.
d) Hidangkan potong ke dalam baji dengan tombol mentega pada setiap bahagian.

5. **Sarapan tradisional Ireland**

Membuat: 4 Hidangan

BAHAN-BAHAN:
- 8 keping Irish Bacon
- 4 Sosej Ireland
- 4 keping Puding Hitam
- 4 keping Puding Putih
- 4 biji telur
- 4 tomato sederhana; Dibelah dua
- 4 Soda Farls
- Garam dan Lada Secukup Rasa

ARAHAN:
a) Letakkan sosej dalam kuali dan masak sehingga perang di semua sisi. Goreng tomato dengan hirisan puding dalam titisan bacon.
b) Panaskan roti soda dalam titisan sehingga dibakar. Masak telur mengikut keinginan dan letakkan semua makanan yang disediakan di atas satu pinggan untuk dihidangkan hangat.
c) Semua daging boleh dipanggang, bukannya digoreng, tetapi anda akan melakukannya lepaskan perasa daripada titisan untuk telur dan roti soda.

6. **Scone sarapan Ireland**

Membuat: 16 hidangan

BAHAN-BAHAN:
- 1½ cawan tepung pastri gandum penuh
- ⅓ cawan tepung gandum
- ¾ cawan dedak gandum
- 1 sudu teh serbuk penaik
- 2 sudu besar marjerin soya
- 2 sudu besar Sirap jagung
- 1 cawan Kentang atau susu soya

ARAHAN:
a) Campurkan bahan kering. Masukkan marjerin dan gaul rata. Masukkan sirap dan susu secukupnya untuk membuat doh yang longgar. Balikkan ke atas papan tepung dan uli hingga rata.
b) Gulungkan menjadi segi empat sama dengan ketebalan kira-kira ¾ inci. Potong doh separuh, kemudian menjadi empat dan kemudian menjadi lapan.
c) Bakar di atas loyang yang ditaburkan sedikit tepung pada suhu 400F selama lebih kurang 20 minit. Sejukkan pada rak dawai. Belah dan hidangkan dengan awet buah keseluruhan.

7. **Sosej sarapan Ireland**

Membuat: 1 Hidangan

BAHAN-BAHAN:
- 2½ cawan roti putih segar c r umbs
- ½ cawan Susu
- 2½ paun daging babi tanpa lemak
- 2½ paun Perut babi atau punggung babi berlemak, sejuk
- 1 sudu besar Plus
- 2 sudu kecil garam
- 2 sudu teh Lada yang baru dikisar
- 2 sudu teh Thyme
- 2 biji telur
- 8 Yards disediakan selongsong, kira-kira 4 auns

ARAHAN:
a) Dalam mangkuk sederhana, rendam serbuk roti dalam susu. Kisar daging dan lemak bersama-sama, mula-mula dengan kasar dan kemudian halus. Letakkan daging dalam mangkuk besar.
b) Masukkan garam, lada sulah, thyme, telur dan serbuk roti yang telah dilembutkan . Gaul rata dengan tangan sehingga sebati. Bekerja dengan kira-kira satu perempat isi sosej pada satu masa , sumbatkan selongsong dengan inti sosej dengan longgar. Cubit dan putar ke dalam pautan 4 inci dan potong untuk memisahkan. Sejukkan dalam peti ais sambil isi sosej yang tinggal.
c) UNTUK MEMASAK: Cucuk sosej di seluruh untuk mengelakkan kulit pecah, letakkan sosej secukupnya dalam kuali untuk dimuatkan dalam satu lapisan tanpa sesak. Tuangkan kira-kira setengah inci air, tutup dan reneh dengan api perlahan selama 20 minit. Tuangkan cecair dan masak tanpa penutup, putar, sehingga sosej berwarna perang sekata kira-kira 10 minit. Toskan di atas tuala kertas dan hidangkan panas.

8. Irish Potato Boxty

BAHAN-BAHAN:
- 1/2 paun / kira-kira 3 cawan kentang, dikupas, masak, dan masih panas
- 1/2 sudu teh garam
- 2 sudu besar mentega, cair
- 1/2 cawan tepung serba guna

ARAHAN:
a) Adalah penting untuk membuat kek kentang semasa kentang masih panas: ini memastikan anda mendapat hasil yang ringan dan lazat.
b) Nasi atau tumbuk kentang dengan baik sehingga tiada ketulan.
c) Dalam mangkuk, campurkan kentang dengan baik dengan garam; kemudian masukkan mentega cair dan gaul rata lagi. Akhir sekali masukkan tepung, bekerja dengan cukup untuk membuat doh yang ringan dan lentur.
d) Balikkan doh ke atas permukaan yang ditaburi sedikit tepung dan gulung menjadi bentuk bujur kasar, kira-kira 9 inci panjang dan empat inci lebar, dan kira-kira 1/4 inci tebal. Potong tepi sehingga anda mempunyai segi empat tepat yang kemas: kemudian potong lagi supaya anda mempunyai empat atau enam segi tiga.
e) Panaskan griddle kering atau kuali sehingga sederhana panas. Kemudian bakar segi tiga farl sehingga perang keemasan pada setiap sisi. Biasanya, ini mengambil masa kira-kira lima minit pada setiap sisi.
f) Letakkan penkek kentang yang telah siap diketepikan di atas pinggan yang ditutup dengan tuala pinggan / tuala teh dan teruskan membakarnya sehingga semuanya siap. Kemudian balikkan tuala ke atasnya untuk menutupnya. Sedikit wap yang keluar dari mereka akan membantu memastikan mereka lembut.
g) Kemudian buat sarapan Ireland anda atau goreng Ulster, goreng kepar dalam mentega atau minyak yang anda gunakan untuk baki hidangan. Jika anda mempunyai lebih banyak penkek kentang Ireland daripada yang anda boleh gunakan, ia akan membeku dengan baik: masukkan sahaja ke dalam Tupperware atau bekas plastik yang serupa dahulu.

9. **Telur Syaitan Ireland**

Membuat: 8

BAHAN-BAHAN:
- 12 biji Telur Rebus
- 2 keping Corned Beef, dipotong dadu
- 1/2 cawan Kobis, dipotong dadu
- 1/2 cawan Mayo
- 2 sudu besar Dijon Mustard
- Garam secukup rasa
- Lobak merah, parut untuk hiasan
- Parsley, dicincang untuk hiasan

ARAHAN:
a) Telur rebus dibelah dua. Keluarkan kuning dan masukkan ke dalam mangkuk.
b) Ketuhar mikro kubis selama 30 saat hingga seminit sehingga ia lembut.
c) Masukkan mayonis, dan mustard Dijon ke dalam kuning telur dan gunakan pengisar rendaman untuk mencampurkan kuning telur dengan bahan sehingga berkrim.
d) Masukkan daging kornet cincang halus dan kobis kacau ke dalam adunan kuning telur sehingga sebati.
e) Garam secukup rasa.
f) Paipkan adunan ke dalam bahagian putih telur
g) Hiaskan dengan lobak merah dan pasli.

10. Sandwic Salad Telur Gaya Ireland

Membuat: 2

BAHAN-BAHAN:
- 4 keping roti sandwic
- 2 auns mentega untuk disapu pada roti
- 2 biji telur rebus
- 1 tomato Roma atau 2 tomato kecil molek
- 2 daun bawang hijau di Ireland
- 2 helai daun salad mentega
- ⅛ cawan mayonis
- ⅛ sudu teh garam
- ⅛ sudu teh lada

ARAHAN:
a) Mulakan dengan menyediakan inti untuk sandwic ini. Belah separuh tomato dan cedok biji dan pulpa, dan buang. Potong daging tomato luar menjadi kepingan bersaiz ½ cm.
b) Hiris bawang hijau dengan sangat nipis.
c) Potong daun salad nipis-nipis dan tumbuk telur rebus .
d) Campurkan telur rebus yang dilecek , tomato potong dadu, bawang hijau, salad dan mayonis.
e) Perasakan inti dengan garam dan lada sulah secukup rasa.
f) Lecek telur rebus , bawang hijau, salad, tomato dan mayonis untuk isi sandwic salad telur
g) Mentega setiap sepasang kepingan roti pada bahagian yang menyentuh dan padan ..
h) Bahagikan inti kepada dua dan sapukan pada bahagian dua keping roti yang telah disapu mentega. Hiaskan setiap sandwic dengan kepingan roti mentega yang dipasangkan.
i) Potong kerak atas setiap sandwic. Bahagikan kepada empat segi tiga dengan menghiris setiap sandwic dengan dua potong pepenjuru silang.
j) Susun di atas pinggan sandwic dan hidangkan bersama teh panas, dan sisi kerepek atau kerepek.

SELERA MAKAN DAN SNEK

11. Puding hitam

Membuat: 8 hidangan

BAHAN-BAHAN:
- 1 paun hati babi
- 1½ paun lemak babi yang belum dibuat , dicincang
- 120 auns cecair Darah babi
- 2 paun serbuk roti
- 4 auns Oatmeal
- 1 bawang sederhana, dicincang
- 1 sudu teh Garam
- ½ sudu teh Allspice
- 1 sarung daging lembu

ARAHAN:

a) Rebus hati dalam air masin mendidih sehingga lembut. Keluarkan hati, dan cincang. Simpan minuman keras memasak. Campurkan semua bahan dalam mangkuk besar. Kacau sebati sehingga sebati. Isi selongsong dengan campuran. Ikat dalam gelung satu kaki. Kukus selama 4-5 jam.

b) Biarkan sehingga sejuk. Potong ½ inci mengikut keperluan dan goreng dalam lemak panas di kedua-dua belah sehingga garing.

12. Celup Keju Ireland

Membuat: 20 hidangan

BAHAN-BAHAN:
- 14 auns cheddar Ireland
- 4 auns krim keju
- 1/2 cawan bir ringan gaya Ireland (Harp Lager)
- 1 ulas bawang putih
- 1 1/2 sudu teh mustard kisar
- 1 sudu kecil paprika

ARAHAN:
a) Pecahkan cheddar kepada kepingan dan masukkan ke dalam pemproses makanan. Nadi untuk memecahkan cheddar menjadi kepingan kecil.
b) Masukkan keju krim, bir, bawang putih, mustard tanah, dan paprika. Haluskan sehingga halus sepenuhnya. Kikis bahagian tepi mangkuk dan puri semula jika perlu. Hidangkan dengan kerepek pita, roti, keropok, sayur-sayuran, atau hirisan epal.

13. Muffin kopi Ireland

Membuat: 12 Hidangan

BAHAN-BAHAN:
- 2 cawan Tepung
- 1 sudu besar serbuk penaik
- ½ sudu teh Garam
- ½ cawan Gula
- 1 biji telur, dipukul
- ⅓ cawan Mentega, cair
- ½ cawan krim pekat, tidak disebat
- ¼ cawan wiski Ireland
- ¼ cawan minuman keras kopi

ARAHAN:
a) Panaskan ketuhar hingga 400 F.
b) Ayak 4 yang pertama bahan-bahan bersama-sama.
c) Kacau dalam baki bahan , sehingga lembap.
d) Isi tin muffin beralas kertas penuh, dan bakar lebih kurang 20 minit.

14. Nachos Ireland dengan Taburan Reuben

Membuat: 1 Pinggan

BAHAN-BAHAN:
BERPAKAIAN PULAU RIBU:
- 2 1/2 sudu besar yogurt Yunani biasa tanpa lemak
- 1 1/2 sudu besar sos tomato
- 2 sudu kecil rasa acar manis
- 3/4 sudu teh cuka putih
- 1/4 sudu teh sos panas
- 1/8 sudu teh serbuk bawang putih
- 1/8 sudu teh serbuk bawang
- 1/8 sudu teh garam halal

KENTANG:
- 1 1/2 paun kentang russet, digosok
- 1 sudu besar minyak zaitun dara tambahan
- 3/4 sudu teh serbuk bawang putih
- 3/4 sudu kecil serbuk bawang
- 3/4 sudu teh garam halal
- 1/8 sudu kecil lada hitam

TOPPING REUBEN:
- 3 auns daging kor deli tanpa lemak, dicincang
- 1 cawan keju Swiss yang dicincang, dikurangkan lemak
- 1/4 - 1/3 cawan sauerkraut, toskan
- pasli dicincang halus (jika suka), untuk hiasan

ARAHAN:
a) Panaskan ketuhar hingga 475ºF.
b) Dalam mangkuk sederhana, gabungkan yogurt Yunani, sos tomato, relish, cuka, sos panas, 1/8 sudu teh serbuk bawang putih, 1/8 sudu teh serbuk bawang dan 1/8 sudu teh garam halal. Tutup dan sejukkan sehingga diperlukan (boleh dibuat sehingga kira-kira dua hari lebih awal).
c) Potong kentang secara sekata menjadi hirisan setebal 1/8". (Anda boleh menggunakan mandolin untuk ini jika anda mahu, tetapi saya menggunakan pisau tukang masak. Walau apa pun, kuncinya ialah

memotongnya dengan sangat seragam supaya mereka membakar dengan sekata.)

d) Dalam mangkuk besar, toskan hirisan kentang dengan minyak zaitun sehingga bersalut rata. Taburkan kentang dengan 3/4 sudu teh serbuk bawang putih, 3/4 sudu teh serbuk bawang, 3/4 sudu teh garam halal dan lada hitam. Toskan lagi untuk memastikan rempah diedarkan dengan sekata. Anda mungkin mendapati bahawa ia adalah paling mudah untuk melakukan ini dengan tangan anda, dan bukannya sudu adunan.

e) Letakkan hirisan kentang pada dua helaian pembakar yang beralaskan parchment, bentangkannya dan pastikan ia tidak bersentuhan atau bertindih.

f) Bakar hirisan kentang selama 12-14 minit. Masa membakar yang tepat mungkin berbeza-beza jika hirisan kentang anda tidak dipotong hingga 1/8" atau jika ketebalannya tidak seragam. Periksanya secara berkala: anda sedang mencari warna yang hangat, keperangan, dan panas di bahagian bawah kepingan anda, tetapi anda tidak mahu ia hangus.

g) Balikkan semua kepingan dengan berhati-hati dan teruskan membakar pada bahagian kedua selama kira-kira 5-8 minit lagi, sekali lagi periksa kematangannya secara berkala. Jika sesetengah hirisan anda lebih nipis daripada yang lain, ia mungkin siap lebih awal, dan anda mungkin mahu mengeluarkannya ke dalam pinggan sementara kepingan yang lain terus membakar.

h) Apabila kentang anda selesai dibakar, cantumkannya ke dalam longgokan di tengah-tengah satu lembaran pembakar, lapiskannya semasa anda melakukannya dengan daging kornet, keju dan sauerkraut. Kembalikan nachos ke dalam ketuhar selama kira-kira 5 minit lagi, untuk membenarkan topping hangat dan keju cair.

i) Hiaskan nachos dengan pasli, jika dikehendaki, dan hidangkan dengan Thousand Island Dressing . (Anda boleh menyiram perban di atas, menghidangkannya bersama-sama, atau kedua-duanya.)

15. Peluncur daging kornet Guinness

Membuat: 12 Slider
BAHAN-BAHAN:
- 4 paun daging kornet brisket dengan paket rempah
- 1 cawan bawang mutiara beku, atau bawang dandang putih (dipotong dan dikupas)
- 4 ulas bawang putih
- Pilihan: 1-2 daun bay
- 2 1/2 cawan air
- 11.2 auns bir draf Guinness (1 botol)
- 12 gulung Hawaii
- 1 paket campur coleslaw
- 2-3 sudu besar dill segar, dicincang
- Dijon mustard untuk penyebaran, seperti yang dikehendaki
- Pilihan: mayonis untuk penyebaran
- Acar Dill Kosher Bayi (keseluruhan)

ARAHAN:

a) Masukkan bawang merah dan bawang putih ke dalam periuk keluli dalam periuk tekanan. Tambah rak dawai di atas. Tuangkan bir Guinness dan air ke dalam periuk. Letakkan brisket daging kornet di atas rak logam, tutup lemak ke bawah. Taburkan rempah di bahagian atas daging. Tambah 1-2 daun bay, jika mahu. Dengan penyepit, balikkan daging lembu supaya penutup lemak menghadap ke atas.

b) Buka penutup periuk tekanan dengan berhati-hati. Angkat dulang logam yang memuatkan daging. Pindahkan daging kornet ke dalam pinggan. Keluarkan daun bay, bawang dan pepejal. Tapis cecair. Simpan satu cawan sekiranya ia diperlukan untuk menyiram ke atas daging supaya ia tidak kering.

c) Potong nipis daging lembu melawan bijirin.

d) Potong gulung Hawaii secara mendatar separuh.

e) Sapukan lapisan mustard pada bahagian bawah setiap gulungan. Jika mahu, sapukan sedikit mayonis pada bahagian atas roti.

f) Letakkan 2-3 keping daging kornet pada roti bawah. Taburkan daging dengan dill yang baru dicincang. Tambah 1/4 cawan coleslaw pada setiap satu.

g) Letakkan bahagian atas gulungan Hawaii pada peluncur.

h) Hiaskan setiap slider daging lembu dengan jeruk dill bayi. Tebuk sandwic parti di tengah-tengah dengan pilihan parti kayu untuk membantu menyatukan semuanya.

16. Bebola daging berlapis Guinness

Membuat: 24

BAHAN-BAHAN:
BOLA daging
- 1 paun ayam belanda atau daging lembu
- 1 c. serbuk roti panko
- 1/4 c. Guinness
- 1/4 c. bawang cincang
- 1 biji telur, dipukul sedikit
- 1 sudu kecil. garam
- 1/8 sudu kecil. lada

SOS GUINNESS
- 2 botol Guinness
- 1/2 c. sos tomato
- 1/4 c. sayang
- 2 sudu besar molase
- 2 sudu kecil. mustard dijon
- 2 sudu kecil. bawang cincang kering
- 1 sudu kecil. serbuk Bawang putih
- 4 sudu kecil. tepung jagung

ARAHAN:
a) Untuk bebola daging: Satukan semua bahan dalam mangkuk adunan sederhana. Gaul sebati.
b) Bentukkan menjadi bebola 1 1/2 inci (saya menggunakan senduk biskut kecil) dan letakkan di atas loyang berbingkai yang dialas dengan aluminium foil dan disembur dengan semburan nonstick.
c) Bakar pada suhu 350° selama 20-25 minit.
d) Untuk sos: Satukan semua bahan kecuali tepung jagung dalam periuk sederhana. Pukul.
e) Didihkan, kacau sekali sekala.
f) Kecilkan api hingga mendidih dan reneh selama 20 minit.
g) Pukul tepung jagung dan teruskan mereneh selama 5 minit atau sehingga pekat.
h) Masukkan bebola daging ke dalam sos.

17. Pasties Ireland

Membuat: 10

BAHAN-BAHAN:
- 1 biji bawang
- 1/3 kepala kobis
- 4 lobak merah kecil
- 8 biji kentang merah kecil
- 4 biji bawang hijau
- 1 daun bawang
- 4 sudu besar mentega
- 3 biji telur
- 1 sudu besar mustard coklat
- 1/2 sudu teh thyme
- 1/4 sudu teh lada
- 1/2 sudu teh garam
- 1/4 sudu teh mustard kisar
- 1 paket 8- auns keju mozzarella yang dicincang
- 4 auns keju parmesan yang dicincang
- 5 keping pai gulung yang disejukkan
- 1 paun daging lembu kisar pilihan

ARAHAN:
a) Jika menggunakan daging lembu kisar, daging lembu perang dalam kuali besar, kemudian toskan, keluarkan dari kuali, dan ketepikan. Potong dadu bawang besar, lobak merah dan kentang. Potong kubis menjadi kepingan kecil. Hiris nipis daun bawang dan bawang hijau
b) Panaskan 4 sudu besar mentega dalam kuali besar dengan api sederhana. Tumis bawang, bawang hijau, dan daun bawang sehingga lembut--kira-kira 6 minit. Masukkan kubis, lobak merah, dan kentang. Teruskan memasak dengan api sederhana selama 5 minit lagi.
c) Kurangkan haba kepada rendah ; tutup dan kukus selama 15 minit. Keluarkan dari haba. Sementara itu, keluarkan kerak pai dari peti sejuk dan panaskan ketuhar hingga 375 darjah.

d) Pukul 3 biji telur, mustard dan rempah dalam mangkuk besar. Keluarkan 1 sudu besar campuran telur dan pukul dengan 1 sudu air; mengetepikan. Masukkan sayur-sayuran, daging lembu, dan keju ke dalam adunan telur dan gaul rata.
e) Buka gulungan kerak pai dan potong empat bahagian menggunakan pemotong pizza.
f) Untuk membuat pasties, letakkan satu hirisan kerak pada helaian kuih bersalut kertas parchment. Letakkan satu sudu campuran sayuran di tengah-tengah baji, kemudian tutup dengan baji kedua.
g) Tekan tepi dengan garpu untuk mengelak, kemudian sapu dengan campuran telur dan air. Bakar selama lebih kurang 20 minit atau sehingga kerak berwarna perang keemasan.

18. Roti Sosej Ireland

Membuat: 18

BAHAN-BAHAN:
- 3 helai pastri puff
- 1 biji telur dipukul untuk memberus pastri
- Isi Daging Sosej
- 1 paun daging babi yang dikisar
- 1 sudu teh thyme kering
- ½ sudu teh marjoram kering
- ½ sudu teh selasih kering
- ½ sudu teh daun rosemary kering
- 1 sudu teh pasli kering
- ½ sudu teh sage kering
- ⅛ sudu teh garam
- ⅛ sudu teh lada hitam
- 1 cawan serbuk roti
- 1 ulas bawang putih dikisar
- 1 biji telur dipukul
- ¼ sudu teh adas kering pilihan

ARAHAN:
a) Kisar rempah, garam dan lada sulah dalam pengisar kopi.
b) Masukkan rempah kisar dan bawang putih yang dikisar ke dalam serbuk roti dalam mangkuk besar dan gaul bersama.
c) Masukkan daging babi yang dikisar ke dalam serbuk roti yang telah diperisakan dan satukan menggunakan jari anda. Masukkan separuh daripada telur yang telah dipukul dan gaul sebati sehingga adunan daging mula melekat. Buang lebihan telur.
d) Gulungkan sosej menggunakan tangan, membentuk 4 bentuk silinder kira-kira ¾ inci tebal dan 10 inci panjang. Ketepikan daging.
e) Panaskan ketuhar hingga 400 darjah F. Alas dulang pembakar besar dengan kertas parchment.
f) Buka lembaran pastri puff yang telah dicairkan di atas permukaan yang ditaburkan tepung. Potong menjadi 3 jalur kira-kira 3 inci lebar dan 10 inci panjang.

g) Letakkan sekeping 3 inci daging sosej yang telah dibentuk di atas pastri berhampiran dengan tepi. Gulungkan pastri di sekeliling daging, bertindih di bawahnya sebanyak satu inci.
h) Potong gulungan pastri, kemudian gulung semula untuk memberus lapisan bawah dengan cucian telur. Gulung semula dan tutup jahitan bawah.
i) Dengan menggunakan pisau tajam, potong dua celah pepenjuru ½ inci di permukaan atas gulungan. Ulangi prosedur untuk membentuk 18 gulung sosej.
j) Letakkan gulungan sosej yang disediakan di atas dulang pembakar dalam barisan dan jarak satu inci. Sapu bahagian atas pastri dengan cucian telur.
k) Bakar dalam ketuhar 400 darjah F selama 20 minit. Kecilkan api kepada 350 darjah dan bakar selama 5 minit lagi.
l) Keluarkan dari ketuhar apabila bahagian atasnya berwarna perang keemasan. Sejukkan gulungan sosej di atas rak dawai.

BIDANG DAN ROTI

19. Scone Keju Sedap

BAHAN-BAHAN:
- 225g tepung biasa
- 2 Sudu teh serbuk penaik tahap
- secubit garam
- ¼ Sudu teh mustard
- 50g Mentega
- 75g Cheddar parut
- 1 biji telur besar
- 4 sudu besar susu krim
- Susu tambahan untuk kaca

ARAHAN:

a) Panaskan ketuhar hingga 220° C. Ayak bersama tepung, serbuk penaik, garam dan mustard. Sapu mentega sehingga adunan menyerupai serbuk roti halus. Campurkan keju parut.

b) Pukul telur dan masukkan susu. Buat perigi di tengah bahan kering dan satukan cecair. Balikkan ke atas papan yang ditabur tepung. Uli perlahan dan potong bulat dengan pemotong pastri. Letakkan di atas dulang pembakar yang telah digris.

c) Sapu dengan campuran telur dan susu dan bakar selama 12-15 minit atau sehingga kekuningan dan masak.

20. Roti Soda Ireland

BAHAN-BAHAN:
- 12 oz /340g tepung biasa sama ada gandum atau putih
- 1/2 sudu teh garam
- 1/2 sudu teh natrium bikarbonat
- 1/2 cawan buttermilk

ARAHAN:

a) Campurkan semua bahan kering anda bersama-sama dan kemudian tapis bahan kering untuk menambah udara. Kemudian buat perigi di tengah adunan kering dan masukkan separuh daripada buttermilk kemudian gaul perlahan-lahan. Masukkan baki buttermilk dan uli hingga sebati.

b) Jika adunan kelihatan kering dan berat apabila menggunakan tepung gandum tambahkan sedikit lagi mentega. Ia akan melekat pada tangan anda diberi amaran.

c) Letakkan doh di atas kaunter yang ditaburkan tepung dan satukan perlahan-lahan untuk membuat bulat dan kemudian pindahkan ke dalam loyang. Potong salib agak dalam ke bahagian atas roti untuk "membiarkan peri keluar" dan kemudian masukkan ke dalam ketuhar selama 40 hingga 45 minit. Untuk memeriksa sama ada roti telah dibakar, ketik bahagian bawah jika ia berbunyi kosong maka ia sudah siap.

d) Anda boleh menambah semua jenis bahan pada campuran roti soda, keju dan bawang, ketulan daging, buah seperti kismis, kranberi kering dan beri biru, kacang, biji hampir apa sahaja yang anda mahukan untuk menghasilkan roti manis atau berperisa .

21. Roti Gandum Ireland

BAHAN-BAHAN:
- 500 g (1lb 2oz) tepung gandum kasar
- 125 g (4 1/2oz) tepung biasa, ditambah tambahan untuk habuk
- 1 sudu kecil baking soda
- 1 sudu kecil garam
- 600 ml (1 liter) susu mentega, ditambah sedikit tambahan jika perlu
- 1 sudu besar gula perang
- 1 sudu besar mentega cair, ditambah tambahan untuk melincirkan kuali
- 2 sudu besar sirap emas

ARAHAN:
a) Panaskan ketuhar kepada 200°C - 400°F dan griskan 2 x loyang roti.
b) Ambil mangkuk besar dan ayak tepung ke dalam mangkuk bersama soda penaik dan garam. Buat perigi kecil di tengah adunan kering ini dan masukkan susu mentega, gula perang, mentega cair dan sirap emas.
c) Campurkan ini bersama perlahan-lahan sehingga semua bahan digabungkan. Kemudian bahagikan adunan ke dalam loyang roti dan taburkan di atas topping pilihan anda.
d) Bakar ini selama kira-kira sejam, semak separuh jalan bahawa kuali tidak perlu dipusing atau roti tidak terlalu keperangan. Jika mereka kecilkan api sedikit.
e) Untuk memeriksa sama ada ia telah dibakar, hanya keluar dari loyang dan ketuk bahagian bawah roti, jika ia kelihatan kosong, ia akan siap. Jika sedia letak di atas rak penyejuk. Apabila sejuk hidangkan dengan mentega yang banyak.

22. Irish atau Dublin Coddle

BAHAN-BAHAN:
- 1 sudu besar minyak sayuran
- 450g sosej
- 200g bacon, dipotong menjadi jalur
- 1 biji bawang besar, potong dadu
- 2 lobak merah, dihiris
- 1kg atau 2.5 paun kentang, dikupas dan dihiris
- Lada hitam yang baru dikisar
- 500ml stok ayam boleh guna kiub stok yang dicairkan dalam air panas
- 1 daun salam

ARAHAN:

a) Panaskan ketuhar dengan memanaskan hingga 170°C atau 325°F. Semasa memanaskan panaskan minyak dalam kuali dan perangkan sosej anda. Masukkan bacon ke dalam sosej perang dan masak selama 2 minit.

b) Letakkan separuh sosej dan bacon di bahagian bawah hidangan kaserol kemudian masukkan separuh bawang, lobak merah dan kentang. Perasakan lapisan ini dengan garam dan lada sulah. Kemudian buat lapisan lain di atasnya dengan baki sosej, bacon dan sayur-sayuran, jangan lupa perasakan lapisan ini juga.

c) Setelah perasa tuangkan stok yang telah dipanaskan ke atas keseluruhan kaserol dan masukkan daun bay. Tutup dengan tudung dan masak selama 2 jam, kemudian keluarkan tudung dan masak selama 30 minit lagi.

d) Biarkan berdiri di luar ketuhar selama kira-kira 5 minit, taburkan pasli jika anda mahu dan hidangkan.

23. Roti Ireland dengan krim masam

Membuat: 1 Hidangan

BAHAN-BAHAN:
- 2½ cawan tepung serba guna yang diayak
- 2 sudu teh serbuk penaik
- 1 sudu teh Garam
- ½ sudu teh Baking soda
- ¼ cawan Shortening
- ½ cawan Gula
- 1 Telur; dipukul
- 1½ cawan krim kami
- 1 cawan Kismis
- ½ cawan kismis

ARAHAN:
a) Panaskan ketuhar hingga 375 darjah. Ayak tepung, serbuk penaik, garam dan soda ke dalam mangkuk. Mengetepikan. Krim shortening dan gula sehingga ringan dan gebu.
b) Masukkan telur dan krim masam. Gaul sebati. Kacau ke dalam adunan tepung. Gaul hingga sebati.
c) Lipat dalam kismis dan kismis. Sudukan ke dalam kaserol 2 liter yang telah digris.
d) Bakar selama 50 minit. Tutup dengan aluminium foil dan bakar 10 minit lebih lama atau sehingga masak. Membuat satu bulat roti 8 inci.

24. Roti rumah ladang Ireland

Membuat: 8 hidangan

BAHAN-BAHAN:
- 8 auns Tepung
- 4 auns Gula
- 8 auns buah-buahan kering campuran
- ½ setiap kulit parut lemon
- 2 sudu besar Mentega
- ½ sudu teh Garam
- 2 sudu teh serbuk penaik
- 1 secubit Baking soda
- 1 setiap Telur, dipukul
- 1¼ cawan Buttermilk

ARAHAN:
a) Campurkan tepung, gula, buah-buahan, kulit lemon, mentega, serbuk penaik dan soda.
b) Masukkan telur yang dipukul dan susu mentega untuk membuat doh lembut yang bagus; pukul sebati dan tuang ke dalam loyang roti 2 paun yang telah digris.
c) Bakar pada 300 F selama 1 jam, atau sehingga ujian dilakukan dengan lidi.

25. Roti oat Ireland

Membuat: 1 hidangan

BAHAN-BAHAN:
- 1 1/4 cawan tepung serba guna ; dibahagikan, sehingga 1
- 2 sudu besar gula perang gelap; padat
- 1 sudu teh serbuk penaik
- 1 sudu teh Baking soda
- ½ sudu teh Garam
- 2 sudu besar Mentega; dilembutkan
- 2 cawan tepung gandum yang dikisar batu
- 6 sudu besar Rolled oat
- 1½ cawan Buttermilk
- 1 putih telur; untuk kaca
- 2 sudu besar Oat gulung hancur; untuk renjisan

ARAHAN:
a) Pukul 1 cawan tepung, gula perang gelap, serbuk penaik, soda penaik dan garam bersama-sama dalam mangkuk adunan yang besar. Gosok campuran di antara hujung jari anda untuk mengagihkan gula secara merata. Potong mentega ke dalam adunan dengan pengisar pastri atau dua pisau sehingga adunan menyerupai serbuk halus.

b) Masukkan tepung gandum dan oat. Buat perigi di tengah adunan dan masukkan buttermilk secara beransur-ansur, kacau perlahan sehingga adunan benar-benar lembap . Menggunakan baki ¼ cawan tepung, sedikit demi sedikit, taburkan doh sedikit dan kumpulkan menjadi bebola. Uli perlahan, tambah tepung mengikut keperluan, sehingga doh licin dan kenyal, kira-kira 6-8 kali menguli .

c) Panaskan ketuhar hingga 375 darjah dan griskan sedikit loyang yang besar. Bentukkan doh menjadi bebola bulat yang licin dan letakkan di tengah-tengah loyang yang telah disediakan. Tekan bola perlahan-lahan ke dalam cakera tebal 7 inci. Dengan menggunakan pisau tajam, potong salib besar di atas doh.

d) Pukul putih telur sedikit sehingga berbuih, dan sapu sedikit, tetapi rata, di atas bahagian atas roti, untuk sayu. Anda tidak perlu menggunakan keseluruhan putih telur.
e) Cincang kasar oat gulung dalam pemproses makanan atau pengisar dan taburkan rata di atas sayu putih telur.
f) Bakar di tengah-tengah ketuhar yang telah dipanaskan selama 40-45 minit atau sehingga roti menjadi perang elok dan berbunyi kosong apabila dipukul.
g) Keluarkan roti ke rak segera untuk menyejukkan.

26. Roti yogurt Ireland

Membuat: 1 Hidangan

BAHAN-BAHAN:
- 4 cawan Tepung
- ¾ sudu teh baking soda
- 3 sudu teh serbuk penaik
- 1 sudu teh Garam
- 1 cawan kismis
- 2 sudu besar biji jintan
- 2 biji telur
- 1 cawan yogurt rendah lemak biasa; bercampur-campur

ARAHAN:

a) Kacau bahan kering bersama-sama. Tambah currant dan biji jintan; Masukkan telur.

b) Masukkan yogurt dan bancuhan air dan kacau sehingga adunan melekit terbentuk. uli di atas permukaan yang ditaburi tepung selama 1 minit kemudian bentukkan menjadi bebola dan masukkan ke dalam kaserol bulat yang telah digris dengan baik.

c) Tandakan salib di tengah dengan pisau tajam dan bakar dalam ketuhar 350 selama 1 jam dan 15 minit sebelum mengeluarkan roti dari kaserol, kemudian biarkan sejuk di atas rak dawai. Hiris nipis untuk dihidangkan.

d) Membeku dengan baik dan paling baik sehari selepas dibakar

27. Roti soda gandum Ireland

Membuat: 8 hidangan

BAHAN-BAHAN:
- 3 cawan Tepung, gandum
- 1 cawan Tepung, semua guna
- 1 sudu besar Garam
- 1 sudu teh Baking soda
- ¾ sudu teh serbuk penaik
- 1½ cawan Susu mentega, yogurt atau susu yang dimasamkan dengan jus lemon

ARAHAN:
a) Satukan bahan-bahan kering dan gaul sebati untuk mengedarkan soda dan serbuk penaik, kemudian tambahkan susu mentega secukupnya untuk membuat doh yang lembut tetapi cukup padat untuk mengekalkan bentuknya.
b) Uli di atas papan yang ditaburi sedikit tepung selama 2 atau 3 minit, sehingga agak licin dan baldu. Bentukkan menjadi roti bulat dan masukkan ke dalam loyang yang telah disapu mentega Loyang kek 8 inci atau pada kepingan biskut yang telah disapu mentega . Potong salib di bahagian atas roti dengan pisau tepung yang sangat tajam .
c) Bakar dalam ketuhar 375F yang telah dipanaskan terlebih dahulu selama 35-40 minit, atau sehingga roti berwarna perang dengan baik dan berbunyi kosong apabila diketuk dengan buku jari.

28. Roti bir Ireland

Membuat: 1 hidangan

BAHAN-BAHAN:
- 3 cawan tepung naik sendiri
- ⅓ cawan Gula
- 1 botol bir Ireland

ARAHAN:
a) Campurkan bahan dalam mangkuk.
b) Tuangkan adunan ke dalam loyang yang telah digris dan bakar pada suhu 350 darjah selama satu jam.
c) Hidangkan panas.

29. Roti barmbrack Ireland

Membuat: 1 hidangan

BAHAN-BAHAN:
- 1⅛ cawan Air
- 3 cawan tepung roti
- 3 sudu teh Gluten
- 1½ sudu teh Garam
- 3 sudu besar Gula
- ¾ sudu teh kulit lemon kering
- ¾ sudu teh lada sulah yang dikisar
- 1½ sudu besar Mentega
- 2 sudu besar susu kering
- 2 sudu teh Red Star Active Dry Yis
- ¾ cawan Kismis
- 1½ LB LOAF

ARAHAN:
a) Masukkan semua bahan dalam kuali roti mengikut arahan pengeluar.
b) Ini menjadikan roti saiz sederhana padat (6-7 inci tinggi). Untuk roti yang lebih gebu, tambahkan yis kepada 2 ½ sudu teh.
c) Sediakan bahan pada suhu bilik. Jika perlu, air suam dan mentega dalam ketuhar gelombang mikro selama 50-60 saat pada suhu tinggi.
d) Untuk Hitachi 101 saya tambahkan ¼ cawan kismis 4 minit ke dalam kitaran pertama.
e) Masukkan baki kismis selepas tempoh rehat dan semasa menguli kedua bermula.
f) Warna kerak: sederhana Kitaran Roti: Roti atau Roti Campur Ini telah menjadi roti yang berjaya dalam Hitachi B101 saya. Mesin roti buatan lain perlu membuat beberapa perubahan mengikut mesin mereka sendiri.

30. Roti jeragat Ireland

Membuat: 1 hidangan

BAHAN-BAHAN:
- 2 Roti
- 4¾ setiap satu Hingga 5 3/4 cawan tepung yang tidak diayak
- ½ cawan Gula
- 1 sudu teh Garam
- 2 bungkus yis kering
- 1 cawan air kentang
- ½ cawan Marjerin
- 2 biji telur, suhu bilik
- ¼ cawan kentang tumbuk, suhu bilik
- 1 cawan kismis tanpa biji

ARAHAN:

a) Dalam mangkuk besar campurkan 1½ cawan tepung, gula, garam dan yis tidak larut dengan teliti. Satukan air kentang dan marjerin dalam periuk.

b) Panaskan dengan api perlahan sehingga cecair suam - marjerin tidak perlu cair. Masukkan secara beransur-ansur kepada bahan kering dan pukul selama 2 minit pada kelajuan sederhana dengan pengadun elektrik, mengikis mangkuk sekali-sekala. Masukkan telur, kentang dan ½ cawan tepung, atau tepung secukupnya untuk membuat adunan pekat. Masukkan kismis dan tepung tambahan yang cukup untuk membuat doh yang lembut.

c) Terbalikkan ke atas papan tepung. Uli sehingga licin dan elastik, kira-kira 10 minit. Letakkan dalam mangkuk yang telah digris, putar doh kepada gris.

d) Tutup dan biarkan naik sehingga naik dua kali ganda secara pukal. Tumbuk doh ke bawah. Terbalikkan pada papan yang ditaburkan sedikit tepung.

e) Bahagikan doh kepada 4 bahagian sama banyak. Bentuk setiap bahagian menjadi roti langsing, kira-kira 8 ½ inci panjang. Masukkan 2 roti, sebelah menyebelah, dalam setiap 2 loyang 8 ½ x 4 ½ x 2 ½ inci yang telah digris. Penutup. Biarkan mengembang di tempat yang hangat, bebas daripada draf sehingga dua kali ganda secara pukal.

f) Bakar dalam ketuhar 375 F yang telah dipanaskan selama 35 minit, atau sehingga siap. Keluarkan dari kuali dan sejukkan pada rak dawai.

31. Roti rempah ratus

Membuat: 8 hidangan

BAHAN-BAHAN:
- 10 auns Tepung
- 2 sudu teh serbuk penaik
- ½ sudu teh Baking soda
- 1 sudu teh Rempah campuran
- ½ sudu teh halia dikisar
- 4 auns gula perang ringan
- 2 auns kulit manisan dicincang
- 6 auns Kismis, kosong atau emas
- 4 auns Mentega
- 6 auns sirap emas
- 1 Telur besar, dipukul
- 4 sudu besar Susu

ARAHAN:
a) Ayak tepung dengan soda dan serbuk penaik, dan rempah campuran dan halia: kemudian tambah gula perang, kulit cincang dan kismis: campurkan.
b) Buat perigi di tengah. Cairkan mentega dengan sirap dengan api perlahan, kemudian tuangkan ke dalam perigi dalam adunan. Masukkan telur dan susu yang telah dipukul dan gaul sebati. Tuangkan ke dalam loyang seberat 2 lb yang telah digris dan bakar dalam ketuhar yang telah dipanaskan pada suhu 325 F selama 40-50 minit, atau sehingga ia diuji. Roti ini akan kekal lembap selama beberapa hari, dan sebenarnya bertambah baik dalam tempoh ini.

HIDANGAN UTAMA

32. Juara Ireland

BAHAN-BAHAN:
- 5 biji kentang bersaiz baik
- 1 cawan bawang hijau
- 1 cawan susu sebaiknya susu penuh
- 55 gram mentega masin
- garam (secukup rasa)
- lada putih (secukup rasa)

ARAHAN:

a) Isi periuk dengan kentang dan tutup dengan air yang mempunyai bulat satu sudu teh garam di dalamnya. Reneh kentang sehingga masak, untuk mempercepatkan masa memasak, potong kentang menjadi kepingan yang lebih kecil.

b) Semasa kentang masak cincang halus bawang hijau. Ketepikan bahagian hijau daripada bahagian putih.

c) Toskan air dari kentang dan pastikan semua air dikeluarkan. Kemudian masukkan mentega dan susu ke dalam periuk dan tumbuk kentang perlahan-lahan. Setelah tumbuk kacau bahagian putih bawang kemudian perasakan dengan garam dan lada putih secukup rasa. Keluarkan semua Champ ke dalam mangkuk untuk dihidangkan.

d) Sebelum dihidangkan taburkan bawang hijau cincang di atas dan nikmati.

33. Colcannon dengan kubis atau kangkung

BAHAN-BAHAN:
- 1kg/ 2.5 lbs kentang, dikupas
- 250g/1/2 lb kubis cincang atau kangkung kerinting, dicuci dengan baik dan dihiris halus, buang sebarang tangkai tebal
- 100ml/1cawan + 1 sudu besar susu
- 100g/1 cawan + 2 sudu besar mentega
- Garam dan lada hitam yang baru dikisar

ARAHAN:
a) Letakkan kentang yang telah dikupas dalam kuali dan tutup dengan air dengan sedikit garam. Didihkan kemudian masak hingga empuk.

b) Semasa kentang masak masak kubis atau kangkung. Letakkan 1 sudu besar mentega ke dalam kuali yang berat dan cair sehingga ia hanya bertukar berbuih. Masukkan Kale atau kubis yang dicincang dengan sedikit garam. Letakkan tudung di atas kuali dan masak dengan api yang tinggi selama 1 minit.

c) Kacau sayur-sayuran dan masak selama satu minit lagi kemudian toskan sebarang cecair dan perasakan dengan garam dan lada sulah.

d) Toskan kentang dan tumbuk dengan sedikit susu dan 1 sudu besar mentega, kemudian campurkan kangkung atau kubis dan perasakan dengan garam dan lada sulah secukup rasa.

34. Dieja dan Leeks

Membuat: 4

BAHAN-BAHAN:
- 50 g/2 oz (4 sudu besar) mentega
- 3 biji daun bawang, dihiris nipis
- daun beberapa tangkai thyme, dicincang
- 1 daun salam
- 350 g/12 oz (2 cawan) bijirin yang dieja
- 250 ml/8 fl oz (1 cawan) cider (sider keras)
- 750 ml/25 fl oz (3 cawan) stok sayuran (sup)
- 2 sudu besar pasli cincang
- Garam laut

ARAHAN:

a) Cairkan separuh mentega dalam kuali besar (kuali) dengan api sederhana. Goreng daun bawang dengan thyme dan daun bay selama kira-kira 5 minit sehingga empuk dan lembut. Masukkan bijirin yang dieja dan masak selama satu minit, kemudian masukkan cider dan biarkan mendidih.

b) Masukkan stok (sup) dan reneh selama 40 minit–1 jam sehingga ejaan masak dan empuk. Tambah sedikit lagi air jika perlu.

c) Keluarkan dari api dan masukkan baki mentega dan pasli. Perasakan sebelum dihidangkan.

35. Ikan kod dengan kunyit dan tomato

Membuat: 4

BAHAN-BAHAN:
- 1 sudu besar minyak rapeseed (canola).
- 1 biji bawang besar, dihiris halus
- 2 ulas bawang putih, ditumbuk
- 150 g/5 oz (kira-kira 3 kecil) kentang, dikupas dan dipotong dadu
- 1 daun salam
- 175 ml/6 fl oz (. cawan) sherry
- secubit kunyit yang baik
- 350 ml/12 fl oz (1. cawan) stok ikan (sup)
- 1 x 400-g (14-oz) tin tomato cincang, dikisar
- 600 g/1 lb 5 oz fillet ikan kod, dikuliti dan direbus, dipotong menjadi kepingan bersaiz gigitan
- 2 sudu besar pasli
- garam laut dan lada hitam yang baru dikisar

ARAHAN:
a) Panaskan minyak dalam kuali besar di atas api sederhana, masukkan bawang besar dan bawang putih, tutup dan masak selama kira-kira 5 minit sehingga lembut dan berwarna cantik . Perasakan dengan sedikit garam.
b) Masukkan kentang dan daun bay dan masak selama beberapa minit. Kemudian masukkan sherry, kunyit dan stok ikan (kuah). Masak selama kira-kira 15 minit sehingga kentang hampir empuk.
c) Masukkan tomato, kecilkan hingga mendidih dan masak selama 15 minit. Pada minit terakhir, masukkan ikan dan masak selama 1 minit. Masukkan pasli cincang dan perasakan dengan garam dan lada sulah secukup rasa.

36. Merpati dan Stout

Membuat: 4

BAHAN-BAHAN:
- 4 ekor merpati, dipetik dan dihancurkan
- 4 sudu besar minyak rapeseed (canola).
- 75 g/ 2 . oz (5. sudu besar) mentega
- beberapa tangkai thyme
- 2 bawang, dicincang
- 2 ulas bawang putih, dicincang sangat halus
- 250 g/9 oz cendawan, dihiris
- 500 ml/17 fl oz (banyak 2 cawan) stok ayam (sup)
- 4 sudu besar wiski
- 500 ml/17 fl oz (murah 2 cawan) gempal
- garam laut

ARAHAN:
a) Perasakan merpati dengan garam laut. Panaskan 3 sudu besar minyak dalam kuali besar dengan api sederhana, masukkan merpati dan goreng. Selepas beberapa minit, masukkan mentega dengan thyme dan biarkan karamel . Rebus merpati selama beberapa minit sehingga keperangan. Keluarkan merpati dari kuali dan biarkan berehat.
b) Lap kuali dengan beberapa tuala kertas, buang mentega dan thyme. Panaskan baki minyak dalam kuali dengan api sederhana dan goreng bawang dan bawang putih selama 3-4 minit sehingga lut sinar.
c) Perasakan dengan garam laut, masukkan cendawan dan masak selama 5-7 minit sehingga cendawan mempunyai warna yang bagus . Masukkan stok ayam (sup), wiski dan stout.
d) Didihkan, kecilkan api dan reneh selama 30 minit.
e) Kembalikan merpati ke dalam kuali, tutup dan reneh selama 20 minit lagi sehingga merpati masak; suhu teras daging dada harus mencapai 65C/150F pada termometer daging.

37. Periuk panas kambing

Membuat: 6–8

BAHAN-BAHAN:
- 750 g/1 lb 10 oz lb bahu kambing, dipotong dadu
- 50 g/2 oz (. cawan) daging lembu menitis
- 3 biji bawang, dihiris
- 2 sudu besar thyme dicincang halus
- 2 sudu besar tepung biasa (semua guna).
- 750 ml/25 fl oz (3 cawan) stok kambing (sup), dipanaskan
- 750 g/1 lb 10 oz lb (7 sederhana) kentang, dikupas dan dihiris nipis
- 50 g/2 oz (3. sudu besar) mentega, cair
- garam laut dan lada hitam yang baru dikisar

ARAHAN:
a) Panaskan ketuhar kepada 180C/350F/ Tanda Gas 4.
b) Perasakan kambing dengan lada hitam dan garam. Panaskan daging lembu yang menitis dalam periuk besi tuang dengan api sederhana, masukkan kambing dan goreng, dalam kelompok, selama 5-10 sehingga perang elok. Angkat dan simpan di tempat yang hangat.
c) Masukkan bawang dan separuh thyme ke dalam periuk dan masak selama kira-kira 5 minit sehingga lembut dan lut sinar. Untuk membuat roux, tambah tepung dan masak selama 2 minit untuk membentuk pes longgar. Tuangkan secara beransur-ansur stok kambing yang hangat (sup) dan kacau sehingga roux telah larut.
d) Kembalikan kambing yang telah berwarna perang ke dalam periuk. Letakkan hirisan kentang di atas dalam corak bulat. Sapu dengan mentega cair dan perasakan dengan garam laut, lada hitam dan baki thyme.
e) Tutup dan bakar dalam ketuhar yang telah dipanaskan selama 45 minit. Keluarkan penutup selama 15 minit terakhir untuk membolehkan kentang menjadi perang.

38. Kuah Ayam dengan banyak kebaikan

Membuat: 6

BAHAN-BAHAN:
- 1.8 liter (3 pain) stok ayam buatan sendiri yang berperisa baik dan skim yang baik
- 225g (8oz) ayam yang belum dimasak atau dimasak, dicincang (saya lebih suka menggunakan daging perang)
- garam laut mengelupas dan lada hitam yang baru dikisar
- 6 biji tomato merah sederhana, potong dadu 1cm (1/2 inci).
- 2–3 buah alpukat Hass masak, potong dadu 1.5cm (2/3).
- 2 biji bawang merah sederhana, potong dadu 1cm (1/2 inci).
- biji cili Serrano atau Jalapeño hijau , dihiris nipis
- 3 biji limau nipis organik, potong baji
- 3–4 tortilla jagung lembut atau beg besar cip tortilla berkualiti tinggi
- 4-6 sudu besar daun ketumbar dicincang kasar

ARAHAN:

a) Masukkan stok ayam ke dalam periuk lebar 2.5 liter (4 1/2 pain) dan bawa ke

b) bisul . Rasa dan perasakan dengan garam dan lada sulah – stok harus mempunyai rasa yang kaya penuh , jika tidak sup akan menjadi hambar dan hambar.

c) Sejurus sebelum dihidangkan, masukkan ayam yang dicincang tadi ke dalam air rebusan panas dan rebus perlahan-lahan supaya tidak keras. Ayam yang telah dimasak hanya perlu dipanaskan dalam kuahnya. Daging putih mentah akan mengambil masa 2–3 minit untuk dimasak dan daging perang sedikit lebih lama – 4–6 minit. Perasakan secukup rasa.

39. Ayam dan Kerepek Rom dengan Rosemary dan Thyme

Membuat: 8-10

BAHAN-BAHAN:
- 2kg (4 1/2lb) organik, paha ayam jarak bebas, batang drum dan sayap
- 2–3 sudu besar (2 1/2 – 4 sudu besar Amerika) daun thyme
- 1–2 sudu besar (1 1/4 – 2 1/2 sudu besar Amerika) rosemary yang dicincang
- 1.1kg (2 1/2lb) (kira-kira 10 besar) kentang
- minyak zaitun dara tambahan, untuk gerimis
- 250g (9oz) bawang, dihiris
- garam laut mengelupas dan lada hitam yang baru dikisar

ARAHAN:
a) Panaskan ketuhar kepada 230°C/450°F/Tanda Gas 8.
b) Perasakan ayam dengan banyak garam dan lada sulah. Masukkan ke dalam mangkuk besar dan taburkan dengan daun thyme dan rosemary cincang, simpan sedikit untuk kentang. Tos sebati.
c) Kupas kentang dan potong cip setebal 1cm (1/2 inci). Keringkan dan perasakan dengan garam, lada hitam yang baru dikisar dan thyme dan rosemary yang dicincang. Masukkan ke dalam mangkuk dengan ayam. Siram dengan minyak zaitun dara tambahan dan toskan sekali lagi.
d) Taburkan bawang yang dihiris di atas dasar loyang pembakar, lebih kurang. 37 x 31 x 2cm (15 x 11 1/4 x 3/4 inci), atau dua tin lebih kecil lebih kurang. 30 x 20 x 2.5cm (11 x 8 x 1 inci). Susun ayam dan kentang secara sembarangan di atas, pastikan kentang itu timbul. Siram dengan sedikit lagi minyak zaitun.
e) Bakar selama 45 minit–1 jam atau sehingga ayam masak dan kerepek garing di tepi. (Kepingan ayam organik lebih besar, jadi masa memasak boleh sehingga 1 1/4 jam.)
f) Hidangkan dari tin, gaya keluarga, dengan salad hijau yang baik dan beberapa sayur-sayuran pilihan anda, jika anda mahu.

40. Pasta Satu Periuk dengan Tomato dan Chorizo

Membuat: 6

BAHAN-BAHAN:
- 2 sudu besar (2 1/2 sudu besar) minyak zaitun dara tambahan
- 1 bawang sederhana, dihiris
- 1 ulas bawang putih, ditumbuk
- 1/2–1 cili merah, dihiris
- 900g (2 paun) tomato yang sangat masak, dikupas, pada musim panas atau 2 1/2 x 400g (14oz) tin tomato pada musim sejuk
- kulit 1 lemon organik
- 1-2 sudu teh rosemary cincang, bergantung pada kekuatan rasa
- 225g (8oz) chorizo, dikupas dan dipotong dadu
- 850ml (1 1/2 pain) stok ayam atau sayur buatan sendiri
- 175ml (6fl oz /3/4 cawan) krim berganda
- 300–350g (10 – 12oz) fettuccine atau spageti
- 2 sudu besar (2 1/2 sudu besar Amerika) daun pasli yang dicincang
- 30g (1 1/2oz) keju Parmesan yang baru diparut
- garam laut mengelupas
- lada hitam yang baru dikisar dan secubit gula, secukup rasa

ARAHAN:

a) Panaskan minyak dalam periuk keluli tahan karat 6 liter (10 pain). Masukkan bawang besar dan bawang putih, gaul hingga bersalut, tutup dan peluh dengan api perlahan sehingga lembut tetapi tidak berwarna . Masukkan cili . Ia adalah penting untuk kejayaan hidangan ini bahawa bawang benar-benar lembut sebelum tomato ditambah .

b) Potong tomato segar atau dalam tin dan tambah pada bawang dengan semua jus dan kulit limau. Perasakan dengan garam, lada sulah dan gula (tomato tin memerlukan banyak gula kerana keasidannya yang tinggi). Masukkan rosemary. Masak, tanpa penutup, selama 10 minit lagi, atau sehingga tomato lembut. Masak tomato segar untuk masa yang lebih singkat untuk mengekalkan rasa segar yang meriah .

c) Masukkan chorizo, stok dan krim. Didihkan semula, masukkan pasta, kacau perlahan-lahan untuk memisahkan helai dan mengelakkan melekat. Kembali ke mendidih, tutup dan reneh selama 4 minit dan biarkan duduk di dalam periuk bertutup rapat selama 4-5 minit lagi, atau sehingga al dente sahaja. Apabila anda menambah pasta kering, ia akan kelihatan terlalu banyak tetapi menahan saraf anda, ia akan lembut dalam satu atau dua minit dan masak dengan lazat dalam sos.

d) Perasakan secukup rasa, taburkan banyak pasli cincang dan Parmesan parut. Hidang.

41. Kubis dan bacon

Membuat: 4 Hidangan

BAHAN-BAHAN:
- 2 kobis Savoy kecil
- 8 ketul bacon
- Garam dan lada
- 4Beri allspice keseluruhan
- 300 mililiter Bacon atau stok ayam

ARAHAN:
a) Potong kubis separuh dan rebus selama 15 minit dalam air masin.
b) Toskan, dan rendam dalam air sejuk selama 1 minit, kemudian toskan dengan baik dan potong.
c) Lapik bahagian bawah kaserol dengan separuh jalur bacon, kemudian letakkan kubis di atas dan masukkan perasa. Tambah stok yang cukup untuk hampir menutup, kemudian letakkan baki bacon di atasnya.
d) Tutup dan reneh selama sejam, sehingga kebanyakan cecair diserap.

42. Ikan hering yang disumbat

Membuat: 4 hidangan

BAHAN-BAHAN:
- 4 sudu besar serbuk roti (timbun)
- 1 sudu teh pasli, dicincang
- 1 biji Telur kecil, dipukul
- 1 Jus dan kulit lemon
- 1 secubit Pala
- 1 Garam dan lada sulah
- 8 ikan haring, dibersihkan
- 300 mililiter Cider keras
- 1 helai daun salam, hancur sebati
- 1 lada tanah segar

ARAHAN:
a) Mula-mula buat pemadat dengan mencampurkan serbuk roti, pasli, telur yang dipukul, jus lemon dan kulit, serta garam dan lada sulah.
b) Sumbat ikan dengan adunan tadi.
c) Baringkan dalam pinggan kalis ketuhar, rapat; masukkan cider, daun bay hancur dan garam dan lada sulah.
d) Tutup dengan foil dan bakar pada 350F selama kira-kira 35 minit.

43. Saderi yang direbus

Membuat: 4 hidangan

BAHAN-BAHAN:
- 1 setiap kepala saderi
- 1 setiap bawang Sederhana
- 1 sudu teh pasli cincang
- 2 keping bacon
- 10 auns cecair Stok
- 1 x Garam/lada sulah secukup rasa
- 1 auns Mentega

ARAHAN:
a) Bersihkan saderi, potong satu inci dan masukkan ke dalam bekas kaserol.
b) Bacon dan bawang cincang halus dan taburkan ke atas saderi bersama pasli cincang. Tuangkan pada stok. Titik dengan tombol mentega. Tutup hidangan dan bakar dalam ketuhar sederhana selama 30-45 minit.

44. Ikan salmon berkulit lima rempah dengan sauerkraut

Membuat: 4 Hidangan
BAHAN-BAHAN:
- ½ paun daging Ireland
- 1.00 sudu besar biji jintan
- 1.00 Bawang besar
- 1.00 Tomato plum; dicincang, dengan
- Biji dan kulit
- 2.00 paun Sauerkraut; dikeringkan jika perlu
- 12.00 auns bir Lager
- ¼ cawan biji ketumbar
- ¼ cawan biji jintan manis
- ¼ cawan biji Adas
- ¼ cawan biji bawang hitam
- ¼ cawan biji sawi hitam
- 4.00 fillet salmon hingga 6 - (6 oz ea); kulit pada, potong
- Dari bahagian tengah
- ¼ cawan minyak sayuran

ARAHAN:
a) Peluh bacon, biji jintan dan bawang selama lima hingga tujuh minit atau sehingga lembut, tetapi tidak berwarna.
b) Masukkan tomato, sauerkraut dan bir dan biarkan mendidih.
c) Kecilkan api hingga mendidih dan masak, ditutup selama satu jam. Biarkan sejuk dan simpan sehingga diperlukan. Ia akan disimpan, disejukkan, sehingga seminggu tanpa rosak. Salmon: Kisar setiap rempah sebentar dalam pengisar untuk hancur, tetapi jangan lumat hingga menjadi serbuk. Campurkan kesemuanya sebati dalam mangkuk. Basahkan setiap kepingan salmon dengan air di bahagian kulit. Korek setiap bahagian, bahagian kulit ke bawah, dalam adunan rempah. Ketepikan.
d) Sementara itu, panaskan dahulu kuali atau kuali tumis yang berat. Masukkan minyak dan kemudian masukkan kepingan salmon, bahagian kulit ke bawah dan tutup dengan penutup yang ketat. Biarkan mereka masak selama empat minit di sebelah sahaja, untuk ikan yang jarang ditemui. Masak lebih lama jika mahu.
e) Buka tutup kuali dan keluarkan ikan ke tuala kertas untuk toskan.
f) Hidangkan salmon dengan sauerkraut panas.

45. Ikan tenggiri bawang putih

Membuat: 1 hidangan

BAHAN-BAHAN:
- 4 tenggiri (atau 8 kecil)
- 1 ulas bawang putih Mentega tepung perasa untuk menggoreng jus Lemon

ARAHAN:
a) Kisar bawang putih dengan sangat halus Bahagikan antara ikan dan gosok dengan baik.
b) Gulung ikan tenggiri dalam telur yang telah dipukul dan kemudian masukkan tepung. Goreng dalam mentega selama 4-5 minit setiap sisi. Taburkan dengan jus lemon dan hidangkan.

46. Kerang mentega panas

Membuat: 1 hidangan

BAHAN-BAHAN:
- 2 pint Kerang
- 4 auns Mentega
- 1 Garam dan lada sulah
- 2 sudu besar daun kucai dicincang

ARAHAN:
a) Basuh kerang dengan teliti di bawah air yang mengalir. Keluarkan "janggut" dan buang sebarang cengkerang terbuka. Letakkan kerang dalam kuali dan masak pada suhu tinggi selama 7 atau 8 minit, sehingga cangkerang terbuka. Perasakan dengan garam atau lada sulah. Letakkan dalam hidangan hidangan dan tuangkan jus masakan.

b) Titik dengan tombol mentega dan taburkan dengan daun kucai yang dicincang. Hidangkan dengan roti coklat segar dan mentega.

47. Kentang kayu manis Ireland

Membuat: 1 Hidangan

BAHAN-BAHAN:
- 8 auns krim keju, dilembutkan
- 8 auns kelapa
- 1 Kotak (1 lb) 10X gula
- 1 sudu besar Susu
- 1 sudu besar wiski Ireland, (atau vanila)
- Kayu manis

ARAHAN:
a) Campurkan bersama krim keju dan gula. Kemudian masukkan bahan-bahan lain (kecuali kayu manis).
b) Gulung menjadi bebola ¾". Gulung kayu manis. Biarkan beberapa hari untuk ditetapkan. Kemudian nikmati.

48. Pinggang Ireland daging babi dengan lemon dan herba

Membuat: 8 hidangan

BAHAN-BAHAN:
- 6 paun Pinggang babi tanpa tulang
- ½ cawan pasli cincang
- ¼ cawan bawang cincang
- ¼ cawan kulit limau parut halus
- 1 sudu besar Basil
- 3 ulas bawang putih ditumbuk
- ¾ cawan minyak zaitun
- ¾ cawan sherry kering

ARAHAN:
a) Tepuk daging babi kering. Skor dengan baik dengan pisau tajam.
b) Satukan pasli, bawang, kulit, basil, dan bawang putih dalam mangkuk kecil.
c) Pukul dalam ⅔ minyak. Gosok ke dalam daging babi.
d) Balut dalam foil dan sejukkan semalaman. Biarkan daging babi berdiri pada suhu bilik 1 jam sebelum dibakar.
e) Panaskan ketuhar hingga 350 darjah F. Sapu daging babi dengan baki minyak zaitun. Letakkan di atas rak dalam kuali cetek.
f) Panggang sehingga termometer daging dimasukkan ke dalam bahagian paling tebal daging mencatat 170 darjah F, kira-kira 2½ jam. Ketepikan daging. Degriskan jus kuali.
g) Kisar Sherry ke dalam jus kuali. Tutup dan masak dengan api perlahan 2 minit.
h) Pindahkan daging babi ke pinggan. Hiaskan dengan pasli segar dan hirisan lemon. Hidangkan sos secara berasingan.

49. Daging babi Ireland dalam gemuk dengan rempah ratus

Membuat: 1 hidangan

BAHAN-BAHAN:
- 6 auns gula perang
- Bawang putih
- Oregano
- Thyme
- Cuka
- 2 sudu kecil garam batu
- 2 sudu kecil lada hitam dikisar
- 6 buah zaitun hitam
- Sage
- 6 buah prun
- Isi ikan bilis
- 2 sudu besar Mentega
- 2 sudu besar minyak zaitun
- 1 Bawang besar; dihiris
- 1 auns Roux

ARAHAN:

a) Potong kulit daging babi dengan berhati-hati dan letakkan di sebelah. Buat enam hirisan pada setiap buku jari. Balutkan bijak di sekeliling buah zaitun dan masukkan ke dalam separuh hirisan.

b) Balut ikan bilis di sekeliling prun dan masukkan ke dalam lubang lain.

c) Untuk menyediakan perapan hanya masukkan semua bahan perapan ke dalam pengisar dan gaul hingga menjadi pes yang licin.

d) Jika pes terlalu kering tambah sedikit minyak untuk membentuk pes. Tuangkan perapan ke atas dua buku jari dan biarkan semalaman. Untuk memasak daging babi, ambil periuk besar dan cairkan 2oz mentega dan 2 sudu besar minyak zaitun.

e) Perangkan daging dalam periuk selama 5-8 minit, pusing separuh.

f) Masukkan hirisan bawang besar dan baki perapan.

g) Tambah satu botol kecil stout.

h) Letakkan kulit dari buku jari di atas daging untuk membentuk 'penutup'. Letakkan periuk dalam ketuhar yang rendah pada suhu 130C/gas2 selama 3-4 jam. Buang kulit. Keluarkan tulang dari daging, yang sepatutnya berlaku dengan mudah kemudian masukkan ke dalam mangkuk hidangan.

i) Kisar baki jus dalam pengisar dan tapis ke dalam periuk. Didihkan jus dan masukkan roux untuk pekat.

j) Tuangkan ke atas daging. Hidang.

50. Ikan trout gaya Ireland yang dibakar

Membuat: 4 hidangan

BAHAN-BAHAN:
- 4 bawang hijau; dihiris
- 1 lada hijau; dicincang
- ¼ cawan Marjerin atau mentega
- 1 cawan serbuk roti lembut
- ¼ cawan pasli segar; terselit
- 1 sudu teh jus lemon
- 1 sudu teh Garam
- ¼ sudu teh daun selasih kering
- 4 Ikan trout keseluruhan; garam yang ditarik

ARAHAN:
a) Masak dan kacau bawang dan lada dalam marjerin sehingga bawang lembut; keluarkan dari haba. Kacau dalam serbuk roti , pasli, jus lemon, 1 sudu kecil. garam dan selasih.
b) Gosok rongga ikan dengan garam; isi setiap satu dengan kira-kira ¼ c. pemadat. Letakkan ikan dalam loyang bujur yang telah digris, 13 1/2x9x2 inci.
c) Masak tidak bertutup dalam 350 darjah. ketuhar sehingga ikan mengelupas dengan mudah dengan garpu, 30 hingga 35 minit.
d) Hiaskan ikan dengan tomato ceri dan pasli jika mahu.

STEW DAN SUP

51. Rebus Kambing Ireland

BAHAN-BAHAN:
- 1-1½ kg atau 3.5 lbs leher atau bahu kambing
- 3 biji bawang besar, dihiris halus
- Garam dan lada hitam yang baru dikisar
- 3-4 lobak merah, dicincang kecil
- 1 daun bawang, dicincang kecil
- 1 lobak kecil/swede/rutagaga, dicincang kecil
- 10 kentang baru kecil, dikupas dan dibelah empat, atau 2 kentang besar, dikupas dan dicincang
- 1/4 daripada kobis kecil, dicincang
- Sejambak pasli, thyme dan daun bay - ikat ini bersama-sama dengan tali yang boleh anda tinggalkan
- Sedikit sos Worcestershire

ARAHAN:

a) Anda boleh meminta penjual daging anda memotong daging dari tulang dan memotong lemak, tetapi simpan tulangnya atau lakukan ini di rumah. Buang lemak dan potong daging menjadi kiub. Masukkan daging ke dalam periuk yang diisi dengan air masin sejuk dan biarkan mendidih bersama daging. Setelah mendidih matikan api dan toskan, bilas kambing untuk mengeluarkan sisa.

b) Semasa ini mendidih masukkan tulang, bawang, sayur-sayuran tetapi jangan kentang atau kubis ke dalam periuk baru. Masukkan perasa dan sejambak herba dan tutup dengan air sejuk. Apabila daging dibilas masukkan ke dalam periuk ini dan reneh selama satu jam. Anda perlu mengeluarkan buih dengan kerap.

c) Pada tanda satu jam masukkan kentang dan teruskan masak rebusan selama 25 minit. Masukkan kentang dan teruskan masak selama 25 minit. Masukkan kubis selama 6-7 minit terakhir memasak.

d) Apabila daging empuk dan hancur, keluarkan tulang dan jambangan herba. Pada ketika ini rasa rebusan dan kemudian masukkan sos Worcestershire secukup rasa dan kemudian hidangkan.

52. Parsnip bakar gaya Ireland

Membuat: 8 hidangan

BAHAN-BAHAN:
- 2½ paun Parsnip
- 2 auns Mentega atau lemak bacon
- 3 sudu besar Stok
- 1 x Garam dan lada sulah
- 1 x Buah pala secubit

ARAHAN:
a) Kupas parsnip, suku, dan keluarkan sebarang inti berkayu. Rebus selama 15 minit. Letakkan dalam pinggan kalis ketuhar.
b) Masukkan stok dan taburkan garam, lada sulah dan buah pala.
c) Titik dengan mentega dan bakar selama 30 minit di atas rak yang rendah dalam ketuhar sederhana.

53. Chowder Makanan Laut Ireland

BAHAN-BAHAN:
- 4 fillet hake kecil sekitar 1lb/500g
- 2 fillet salmon seperti di atas
- 1 keping ikan salai sekitar 1/2lb/250g
- 1 sudu besar minyak sayuran
- 1 sudu kecil mentega
- 4 biji kentang
- 2 lobak merah
- 1 biji bawang
- 500mls/ 2.25 cawan stok ikan atau ayam
- 2 sudu besar dill kering
- 250ml / 1 cawan krim
- 100ml/1/2 cawan susu
- 4 sudu besar daun kucai dihiris halus

ARAHAN:
a) Ambil kentang dan kupas dan potong dadu kecil. Dengan kulit lobak merah dan dadu menjadi kiub yang lebih kecil daripada kentang.
b) Keluarkan kulit ikan jika ada dan potong dadu besar, ia akan pecah dalam masakan.
c) Letakkan minyak dan mentega dalam periuk dalam perlahan-lahan tumis bawang, kentang, dill dan lobak merah selama lebih kurang 5 minit. Tuangkan stok ke dalam kuali dan masak sehingga mendidih selama 1 minit.
d) Ambil penutup periuk dan masukkan krim dan susu kemudian ikan. Reneh perlahan-lahan (jangan rebus) sehingga ikan masak.
e) Hidangkan dengan hiasan pasli dan sebahagian daripada Roti Gandum buatan sendiri anda.

54. Daging Lembu dan Guinness Stew

BAHAN-BAHAN:
- 2 sudu besar. minyak
- 1 kg stik rusuk, dipotong dengan baik dan dipotong menjadi kiub
- 2 biji bawang besar, dihiris nipis
- 2 ulas bawang putih, cincang
- 1 sudu besar. gula perang gelap lembut
- 1 sudu besar tepung biasa
- 125ml Guinness
- 125ml air
- Setangkai thyme
- 1 sudu besar cuka wain merah
- 1 sudu besar mustard gaya Dijon
- Secubit bunga cengkih yang dikisar
- Garam dan lada hitam
- 1kg kentang, dikupas dan dalam ketulan bersaiz sederhana
- 250g kubis cincang
- 100ml susu
- 100g mentega
- Garam dan lada hitam yang baru dikisar

ARAHAN:

a) Panaskan ketuhar anda hingga 160°C (325°F). Semasa ini sedang dipanaskan tuangkan sedikit minyak ke dalam kuali dan perangkan daging lembu, pastikan setiap bahagian ditutup pada semua sisi.

b) Keluarkan daging dan ketepikan kemudian masukkan bawang besar dan bawang putih dan masak beberapa minit kemudian taburkan tepung dan gula. Campurkan ini dengan baik untuk menyerap semua jus dalam kuali dan kemudian secara beransur-ansur menambah Guinness anda kacau sentiasa.

c) Apabila ini sebati dan licin masukkan cuka, sawi, bunga cengkih, perasa dan thyme, dan biarkan mendidih. Letakkan daging ke dalam hidangan kaserol dan kemudian masukkan ini ke dalam hidangan.

d) Letakkan penutup pada hidangan kaserol dan masak dalam ketuhar selama 1 1/2 jam sehingga daging empuk.

e) Tambah thyme, cuka wain, mustard, ulas tanah dan perasa; biarkan mendidih dan tuangkan ke atas daging dalam kaserol. Letakkan tudung dan masak dalam ketuhar selama 1½ jam atau sehingga daging empuk. Sekitar 20 minit sebelum tamat masa memasak masukkan kubis dan kentang ke dalam kaserol dan terus masak.

f) Hidangkan apabila daging empuk, sebagai variasi anda boleh tinggalkan kentang dan hidangkan sebagai tumbuk dengan rebusan dituangkan di atasnya.

55. Panggang periuk Ireland-Mex

Membuat: 8 hidangan

BAHAN-BAHAN:
- 3 paun Panggang daging lembu tanpa tulang tanpa lemak
- 1½ sudu teh serbuk cili
- 1 sudu kecil jintan halus
- 1 sudu kecil lada merah
- ½ sudu teh serbuk bawang putih
- ¼ sudu teh lada hitam
- ½ sudu teh Pam oregano kering atau 1 sudu besar. minyak zaitun
- 1 biji bawang bersaiz sederhana, potong
- 1 lada bersaiz sederhana, potong
- 1 lobak merah, potong
- 5 6 Kentang Red Bliss, basuh dan potong dua
- 1½ cawan tomato hancur dalam tin
- Satukan serbuk cili, jintan manis, lada merah, lada hitam, dan oregano.

ARAHAN:
a) Buat celah kecil dalam panggang. Masukkan adunan rempah ke dalam setiap celah. Simpan sedikit campuran rempah untuk dimasukkan ke dalam kuah. Sembur ketuhar Belanda dengan Pam; letak atas api sederhana. Daging perang di kedua belah pihak.
b) Masukkan bawang, lada merah, dan lobak merah, dan air secukupnya untuk menutup bahagian bawah kuali.
c) Penutup; panggang dalam ketuhar 350 darjah selama 1 jam. Tambah tomato dan kentang yang dihancurkan; teruskan masak 1 jam lagi atau sehingga daging empuk dan kentang masak. Keluarkan panggang ke pinggan hidangan dan hiris.
d) Susun sayur-sayuran di sekeliling panggang. Hidangkan kuah secara berasingan.

56. Rebusan Ayam dengan Ladu

Membuat: 4

BAHAN-BAHAN:
- 1 ekor ayam, potong 8 bahagian
- 15 g/. oz (2 sudu besar) tepung biasa (semua guna).
- 2 sudu besar minyak rapeseed (canola).
- 15 g/. oz (1 sudu besar) mentega
- 1 bawang, dicincang
- 4 helai daun sage
- setangkai setiap rosemary dan thyme
- 2 lobak merah, dicincang
- 250 ml/8 fl oz (1 cawan) cider (sider keras)
- 1 liter / 34 fl oz (4. cawan) ayam
- stok (sup)
- 1 sudu teh garam laut
- lada hitam yang baru dikisar
- pasli daun rata yang dicincang, untuk hiasan Untuk ladu
- 350 g/12 oz (2. cawan) tepung biasa (semua guna), diayak
- 50 g/2 oz (4 sudu besar) mentega sejuk, parut
- 1 sudu teh serbuk penaik
- 350 ml/12 fl oz (1. cawan) susu
- garam laut

ARAHAN:
a) Perasakan kepingan ayam dengan semua garam dan sedikit lada sulah dan salutkan dengan tepung.
b) Panaskan minyak di atas api yang sederhana tinggi dalam kuali besar berdasar berat atau hidangan kaserol (ketuhar Belanda) dan goreng kepingan ayam, secara berkelompok, selama kira-kira 5 minit sehingga semuanya berwarna perang keemasan. Ketepikan ayam dan lapkan kuali.
c) Cairkan mentega dalam kuali dan masukkan bawang, sage, rosemary dan thyme. Goreng selama 3-4 minit sehingga bawang lembut kemudian masukkan lobak merah. Deglaze kuali dengan cider dan biarkan mendidih.

d) Kembalikan ayam dan jus ke dalam kuali dan tutup dengan stok (sup). Reneh di atas api sederhana sederhana selama kira-kira 25-30 minit sehingga ayam masak tanpa tanda merah jambu dan jusnya menjadi jelas.

e) Sementara itu, untuk membuat ladu, satukan tepung dan mentega dalam mangkuk dengan serbuk penaik dan garam. Masukkan susu untuk membuat doh yang longgar. Masukkan sesudu besar adunan ladu ke dalam kuali dengan ayam selama 5-10 minit terakhir masa memasak, terbalikkan ladu separuh supaya ia masak di kedua-dua belah.

f) Masukkan pasli dan hidangkan.

57. Krim sup kerang

Membuat: 4 hidangan

BAHAN-BAHAN:
- ¾ pint kerang
- 3 cawan air sejuk
- 2 auns Mentega
- 1 auns Tepung
- ½ cawan krim tunggal
- 1 x Garam dan lada sulah

ARAHAN:
a) Basuh kerang hingga bersih. Panaskan dalam kuali kering sehingga kulitnya terbuka. Kerang dan janggut kerang.
b) Dalam periuk, cairkan mentega, tambah tepung dan goreng selama 1 atau 2 minit. Keluarkan dari api dan kacau dalam air, serta sebarang cecair yang tinggal dari kuali.
c) Masukkan garam dan lada, biarkan mendidih, tutup dan reneh selama 10 minit. Keluarkan dari haba.
d) Masukkan kerang dan krim. Sesuaikan perasa dan hidangkan segera.

58. Daging babi rebus Dublin

Membuat: 4 hidangan

BAHAN-BAHAN:
- 1½ paun Potongan daging babi
- 2 paun epal memasak
- 1 paun Bawang
- 1 sudu besar gula perang
- ¾ cawan stok atau air
- ¾ cawan Krim
- 1 x tepung perasa
- 1 x Mentega atau lemak bacon

ARAHAN:
a) Potong daging dan bawang menjadi kepingan kasar. Cairkan lemak atau mentega dan goreng bawang hingga layu. Keluarkan dari kuali. Masukkan daging ke dalam tepung berperisa dan coklat dengan cepat dalam lemak. Letakkan bawang, daging, stok dan gula dalam periuk dan reneh, bertutup, selama 1½ jam.

b) Kupas, inti dan potong epal. Tambah ke dalam periuk. Teruskan memasak sehingga epal hanya masak tetapi tidak terlalu lembek.

c) Masukkan krim dan panaskan. JANGAN REBUS! Perasa betul, dan hidangkan.

59. Sup kacang segar

Membuat: 6 hidangan

BAHAN-BAHAN:
- 350 gram Kacang polong, dikupas kulit baru
- 2 sudu besar Mentega
- 1 setiap bawang bersaiz sederhana, dicincang
- 1 setiap kepala salad aisberg/dicincang
- 1 setiap Sprig pudina, dicincang
- 1 setiap Sprig pasli, dicincang
- 3 keping bacon, dicincang
- 1½ liter stok Ham
- 1 x Garam dan lada sulah
- 1 x Gula
- 1 x pasli cincang

ARAHAN:
a) Selepas memerah kacang, simpan buahnya, basuh dan masukkannya ke dalam stok ham sambil menyediakan sup. Panaskan mentega dalam periuk besar dan lembutkan bawang di dalamnya, kemudian masukkan salad, pudina dan pasli. Buang kulit dan potong daging.
b) Goreng selama kira-kira 2 minit, pusingkannya dari semasa ke semasa; masukkan ke dalam periuk bersama kacang polong, garam, lada sulah dan sedikit gula. Tapis stok dan masukkan.
c) Didihkan, kacau, kemudian reneh selama kira-kira setengah jam sehingga kacang agak lembut.
d) Hiaskan dengan pasli cincang atau pudina.

60. Krim segera Ireland sup kentang

Membuat: 6 hidangan

BAHAN-BAHAN:
- 1 cawan Kentang; dikupas dan dipotong dadu
- 1 cawan Bawang; dipotong dadu
- 1 cawan lobak merah; dipotong dadu
- 2 sudu besar Dill, segar; dicincang ATAU
- 1 sudu besar Dill kering
- ¼ sudu teh lada putih kisar
- 1 sudu teh bawang putih butiran ATAU
- 2 sudu teh bawang putih segar; cincang
- 3 sudu besar Minyak jagung
- 4 cawan; air
- 2¼ cawan susu soya ringan
- 2 sudu besar serbuk bouillon sayur
- 1 cawan kepingan kentang tumbuk segera

ARAHAN:
a) Dalam periuk sederhana, tumis kentang, bawang, lobak merah , lada , dill dan bawang putih dalam minyak dengan api sederhana selama 6 minit.
b) Masukkan air, susu soya dan serbuk bouillon.
c) Masukkan serpihan kentang perlahan-lahan, sebat sentiasa untuk memastikan serakan sekata. Kecilkan api ke rendah dan masak, kacau sekali-sekala, sehingga kentang masak dan adunan panas, kira-kira 15 minit.

61. Sup lobak dan bacon

Membuat: 4 hidangan

BAHAN-BAHAN:
- ¼ paun daging bergaris, dibuang
- ¼ paun bawang cincang
- ¼ paun kentang cincang
- ¾ paun lobak dicincang
- Stok 2 pain
- 1 x Lemak untuk menggoreng

ARAHAN:
a) Potong dan goreng daging dan bawang.
b) Masukkan kentang, lobak dan stok. Masak perlahan-lahan sehingga sayur lembut.
c) Sesuaikan perasa dan hidangkan.

PERUBAHAN

62. Beg Rempah Ireland

BAHAN-BAHAN:
- 1 sudu kecil garam laut
- 1 sudu besar lima rempah Cina
- ½ sudu kecil serbuk bawang putih
- ½ sudu kecil serbuk cili

ARAHAN:

a) Masukkan semua bahan dalam beg ziplock dan goncang.

b) Anda kini boleh menambah campuran ini pada beg Dublin Spice anda yang sepatutnya terdiri daripada bawang goreng dan lada dan beberapa kepingan ayam atau lebihan ayam popcorn.

63. marmalade halia

Membuat: 8 hidangan

BAHAN-BAHAN:
- 2 paun oren pahit
- 2 biji limau
- 1 auns halia akar
- 140 auns cecair Air
- 8 auns Halia yang diawet, dicincang
- 7 paun gula pasir

ARAHAN:

a) Reneh perlahan-lahan selama 1½ hingga 2 jam, atau sehingga kulitnya agak lembut. Keluarkan beg pulpa dan masukkan halia yang diawet.

b) Sukat cecair, masukkan gula dan kacau dengan api perlahan sehingga larut.

c) Didihkan dengan cepat ke takat tetapan: kemudian boleh seperti biasa.

64. Sos spageti, gaya Ireland

Membuat: 8 Hidangan

BAHAN-BAHAN:
- ½ cawan Bawang, dicincang
- 1 ulas bawang putih, dikisar
- 3 sudu besar minyak zaitun
- 3 sudu besar Mentega
- 1 paun Bulat tanah (atau kurus lain
- ½ cawan wain merah kering (burgundy?)
- 1 cawan puri tomato
- 1 cawan air rebusan ayam
- ¼ sudu teh Pala

ARAHAN:
a) Tumis bawang besar dan bawang putih dalam adunan mentega dan minyak. Masukkan daging, dan coklat.
b) Tambah wain, dan reneh sehingga ½ wain menyejat. Masukkan puri, sup ayam dan buah pala, kacau, tutup dan reneh selama 1 jam. Jika ia lebih nipis daripada yang anda suka, buka tutup dan renehkan sehingga ketebalannya seperti yang anda suka.
c) Hidangkan di atas spageti atau kerang.

PENJERAHAN

65. Lelaki Kuning Ireland

BAHAN-BAHAN:
- 1oz mentega
- 8oz gula perang
- 1 lb sirap emas
- 1 sudu air pencuci mulut
- 1 sudu teh cuka
- 1 sudu teh soda bikarbonat

ARAHAN:

a) Cairkan mentega dalam periuk, dan kemudian masukkan gula, sirap emas, air dan cuka.

b) Kacau sehingga semua bahan cair.

c) Kacau dalam soda bikarbonat, apabila campuran berbuih tuangkan ke atas dulang yang telah digris, kalis haba, pusingkan bahagian tepi dengan pisau palet.

d) Apabila cukup sejuk untuk dikendalikan, tarik dengan tangan yang disapu mentega sehingga berwarna pucat.

e) Apabila telah mengeras sepenuhnya, pecahkan menjadi kepingan kasar dan kini Lelaki Kuning anda sedia untuk dimakan.

66. Puding Coklat Fudge dengan Hazelnut Panggang

Membuat: 6 - 8

BAHAN-BAHAN:
- 150g (5oz/1 1/4 batang) mentega tanpa garam, ditambah tambahan untuk pelinciran
- 150g (5oz) coklat berkualiti baik (saya menggunakan 52% pepejal koko)
- 1 sudu teh ekstrak vanila
- 150ml (5fl oz /murah 1/2 cawan) air suam
- 100g (3 1/2oz/sedikit 1/2 cawan) gula halus
- 4 telur organik, jarak bebas
- 25g (1oz/1/5 cawan) tepung naik sendiri
- gula aising, hingga habuk
- 225ml (8fl oz /1 cawan) krim disebat lembut atau crème fraiche dicampur dengan 1 sudu besar (1 sudu besar Amerika + 1 sudu teh) minuman keras hazelnut Frangelico
- beberapa biji hazelnut panggang, dicincang kasar

ARAHAN:

a) Panaskan ketuhar kepada 200°C/400ºF/Gas Mark 6 dan griskan hidangan pai 1.2 liter (2 pain) dengan sedikit mentega.

b) Potong coklat menjadi kepingan kecil dan cairkan dengan mentega dalam mangkuk Pyrex yang diletakkan di atas kuali air panas, tetapi tidak mendidih. Sebaik sahaja coklat cair, keluarkan mangkuk dari api dan masukkan ekstrak vanila. Masukkan air suam dan gula dan gaul hingga rata.

c) Asingkan telur dan pukul kuning ke dalam adunan coklat. Kemudian masukkan tepung yang telah diayak, pastikan tiada ketulan.

d) Dalam mangkuk yang berasingan, pukul putih telur sehingga puncak kaku terbentuk, dan kemudian perlahan-lahan lipat ke dalam adunan coklat. Tuang adunan coklat ke dalam loyang yang telah disapu mentega.

e) Masukkan hidangan ke dalam bain-marie dan tuangkan air mendidih yang cukup sehingga separuh bahagian tepi hidangan. Bakar selama 10 minit. Kemudian kurangkan suhu kepada 160°C\325°F\Gas Mark 3 selama 15–20 minit lagi atau sehingga puding padat di atas, tetapi masih lembut dan kabur di bawahnya dan kenyal pada dasarnya.

f) Ketepikan sejuk sedikit sebelum ditaburi dengan gula aising. Hidangkan suam atau sejuk yang ditaburi kacang hazel panggang bersama krim Frangelico atau crème fraîche .

67. Rhubarb panggang

Membuat: 6

BAHAN-BAHAN:
- 1kg (2 1/4lb) rhubarb merah
- 200–250g (7-9oz) gula pasir
- 2-3 sudu teh herba yang baru dicincang
- ais krim, labneh atau krim Jersey tebal, untuk dihidangkan

ARAHAN:
a) Potong tangkai rhubarb jika perlu. Potong ketupat kepada kepingan 2.5cm (1 inci) dan susun dalam satu lapisan dalam pinggan kalis ketuhar tidak reaktif 45 x 30cm (18 x 12 inci). Taburkan gula di atas rhubarb dan biarkan hingga memerah selama 1 jam atau lebih, sehingga jus mula mengalir.
b) Panaskan ketuhar kepada 200°C/Tanda Gas 6.
c) Tutup rhubarb dengan selembar kertas parchment dan panggang dalam ketuhar selama 10-20 minit, bergantung pada ketebalan tangkai, sehingga rhubarb hanya lembut. Perhatikan dengan teliti pada rhubarb kerana ia boleh hancur dengan cepat
d) Hidangkan panas atau sejuk bersama aiskrim, labneh atau krim Jersi pekat.

68. Puding lumut karagen

Membuat: 8

BAHAN-BAHAN:
- 3 sudu besar carrageen segar
- 4 cawan susu
- 2 biji kuning telur
- 2 sudu besar madu, ditambah tambahan untuk dihidangkan
- debunga lebah, untuk dihidangkan (pilihan)

ARAHAN:
a) Basuh karagen jika menggunakan segar atau hidrat semula jika menggunakan kering, mengikut arahan bungkusan. Panaskan susu bersama karagen dalam kuali sederhana dengan api sederhana-perlahan.
b) Pukul kuning telur dan madu bersama dalam mangkuk kecil, kemudian tuangkan campuran telur ke dalam susu dan kacau selama kira-kira 10 minit sehingga ia pekat.
c) Tuangkan ke dalam acuan atau mangkuk dan sejukkan selama beberapa jam sehingga set.
d) Untuk menghidangkan, taburkan dengan sedikit madu tambahan dan taburkan pada debunga lebah, jika digunakan.

69. Puding roti dan mentega

Membuat: 6

BAHAN-BAHAN:
- 1 ¾ sudu besar susu
- 250 ml/8 fl oz (1 cawan) krim berganda (berat).
- 1 sudu teh kayu manis tanah
- buah pala yang baru diparut, secukup rasa
- 3 biji telur
- 75 g/ 2 . oz (√. cawan) gula kastor (superfine).
- 50 g/2 oz (4 sudu besar) mentega, ditambah tambahan untuk pelinciran
- 10 keping roti putih lembut
- 75 g/ 2 . oz (. cawan) sultanas (kismis emas)
- gula aising (confectioners'), untuk habuk

ARAHAN:
a) Lumurkan pinggan kalis ketuhar.
b) Masukkan susu dan krim ke dalam kuali kecil di atas api sederhana dan masukkan kayu manis dan buah pala. Didihkan, kemudian angkat dari api.
c) Pukul telur dengan gula dalam mangkuk adunan dan tuangkan adunan ke atas krim. Kacau hingga sebati.
d) Mentega roti di kedua-dua belah dan letakkan kepingan dalam hidangan yang disediakan, dalam lapisan dengan sultanas (kismis emas). Tuangkan kastard ke atas roti dan biarkan selama 30 minit.
e) Panaskan ketuhar kepada 180C/350F/Tanda Gas 4.
f) Bakar puding dalam ketuhar yang telah dipanaskan selama 25 minit, sehingga perang keemasan dan kastard telah ditetapkan. Sebelum dihidangkan, taburkan dengan sedikit gula aising (confectioners').

70. Jeruk hangus

Membuat: 4 hidangan

BAHAN-BAHAN:
- 4 oren besar
- 150 mililiter Wain putih manis
- 1 sudu besar Mentega
- 8 sudu besar Gula
- 300 mililiter Jus oren yang diperah segar
- 2 sudu besar Wiski (dipanaskan)

ARAHAN:
a) Kupas oren dengan berhati-hati. Kemudian dengan pisau tajam keluarkan sebanyak mungkin empulur dan kulit putih, menjaga oren utuh. Potong kulit nipis menjadi jalur halus dan tutup dengan wain.
b) Masukkan oren ke dalam pinggan kalis ketuhar. Letakkan sedikit mentega di atas setiap satu, tekan perlahan-lahan, kemudian taburkan setiap satu dengan satu sudu teh gula. Masukkan ke dalam ketuhar 400F selama 10 minit atau sehingga gula menjadi karamel.
c) Sementara itu campurkan jus oren dengan gula dalam periuk dan biarkan mendidih. Kecilkan api dan biarkan ia menjadi sirap, tanpa kacau. Masukkan campuran kulit oren dan wain dan biarkan mendidih lagi, kemudian masak dengan cepat untuk mengurangkan dan pekat sedikit.
d) Ambil oren dari ketuhar dan jika tidak berwarna perang sepenuhnya, letakkan di bawah ayam pedaging sederhana selama beberapa minit. Tuangkan wiski yang telah dipanaskan ke atasnya dan letakkannya di atas api. Apabila api padam, masukkan sirap oren dan biarkan ia mendidih selama kira-kira 2 minit.
e) Hidangkan sekali gus ; atau boleh dihidangkan sejuk.

71. Kek krim Ireland

Membuat: 8 Hidangan

BAHAN-BAHAN:
- 1 adunan kek kuning
- 4 biji telur
- ½ cawan Air Sejuk
- ½ cawan Irish Cream Liquor
- 1 pek Campuran Puding Vanila Segera
- ½ cawan Minyak
- 1 cawan Pecan Panggang Cincang

SAYU
- 2 auns Mentega
- ½ cawan Gula
- ⅛ cawan Air
- ¼ cawan Bailey's Irish Cream

ARAHAN:
a) Satukan semua bahan, Kecuali Kacang, Pukul hingga sebati, kacau dalam kacang. Tuangkan ke dalam loyang bundt 12 cawan yang telah digris dan ditaburkan dan bakar pada suhu 325F selama 1 jam atau sehingga ia diuji.
b) Masak kek 15 minit dan keluarkan ke atas rak. Panaskan bahan sayu sehingga cair.
c) Cucuk lubang pada kek dengan garpu daging dan sapu kek hangat dengan ½ campuran sayu.
d) Apabila kek telah masak, sapu dengan baki adunan sayu.

72. Truffle krim Ireland Baileys

Membuat: 16 hidangan

BAHAN-BAHAN:
- ¼ cawan Baileys Irish Cream
- 12 auns potongan coklat separuh manis
- ¼ cawan krim pekat
- 1 sudu besar Mentega Manis
- 2 biji kuning telur

ARAHAN:
a) Cairkan coklat olate , Baileys dan tog krim berat dengan api yang sangat perlahan. Pukul kuning, satu demi satu, adunan akan menjadi pekat.
b) Pukul dalam mentega.
c) Sejukkan semalaman, atau sehingga pejal. Dengan sudu buat bebola kecil.
d) Masukkan gula tepung, koko, kacang cincang, taburan, dll.

73. Pai ayam dan daun bawang

Membuat: 4 Hidangan

BAHAN-BAHAN:
- 6 auns pastri kerak pendek
- 1 ayam, kira-kira 4 lb
- 4 keping stik ham
- 4 batang daun bawang besar, dibersihkan/dihiris
- 1 biji bawang
- Garam dan lada
- 1 secubit cokmar atau buah pala
- 300 mililiter stok ayam
- 125 mililiter Krim berganda

ARAHAN:
a) Buat pastri dan biarkan di tempat yang sejuk untuk berehat.
b) Dalam hidangan 1 - 1½ liter yang dalam, letakkan lapisan ayam, ham, daun bawang dan bawang atau bawang merah, masukkan cokmar, pala dan perasa, kemudian ulangi lapisan sehingga hidangan penuh. Masukkan stok, kemudian lembapkan tepi hidangan sebelum melancarkan pastri mengikut saiz yang diperlukan.
c) Letakkan pastri di atas pai dan tekan tepi ke bawah dengan baik. Kelim mereka dengan garpu.
d) Buat lubang kecil di tengah. Gulungkan sisa pastri dan bentukkan daun atau roset untuk bahagian atasnya. Letakkan ini dengan sangat ringan di atas lubang kecil. Sapu pastri dengan susu, dan bakar pada api sederhana, 350F, selama 25-30 minit.
e) Tutup pastri dengan kertas kalis minyak yang lembap apabila separa masak jika bahagian atas kelihatan terlalu coklat.
f) Panaskan krim perlahan-lahan. Apabila pai sudah masak, keluarkan dari ketuhar.
g) Angkat roset dengan berhati-hati dan tuangkan krim melalui lubang. Letakkan semula roset dan hidangkan.

74. Tukang kasut ikan kod

Membuat: 6 hidangan

BAHAN-BAHAN:
- 1½ paun fillet ikan kod tanpa kulit
- 2 auns Mentega
- 2 auns Tepung
- ½ liter Susu
- 3½ auns keju parut
- 2 auns keju parut (untuk scone)
- 2 auns Mentega (untuk scone)
- 1 sudu teh serbuk penaik (untuk scone)
- 1 secubit Garam (untuk scone)
- 1 biji telur (untuk scone)

ARAHAN:
a) Letakkan fillet ikan kod di bahagian bawah hidangan ketuhar bulat. Buat sos keju dengan setiap 2 oz mentega dan tepung, ½ l susu dan 3½ oz keju parut: tuangkan ke atas ikan. Kemudian buat adunan scone sapu 2 oz mentega ke dalam 8 tepung dengan 1 sudu kecil serbuk penaik, dan secubit garam.

b) Tambah 2 oz keju parut, sebaik-baiknya Cheddar matang atau campuran itu dan Parmesan. Titiskan 1 kuning telur ke dalam adunan dan tambah susu secukupnya untuk membuat doh yang boleh digunakan.

c) Gulungkan pada ketebalan ½ inci dan potong bulat kecil dengan pemotong scone.

d) Buang bulatan ini di atas sos, supaya ia hampir menutup permukaan; sayu mereka dengan sedikit susu, taburkan lagi keju parut di atasnya dan bakar dalam ketuhar panas (450 F) selama 25-30 minit, sehingga scone berwarna perang keemasan.

75. Kek teh Ireland sayu

Membuat: 10 hidangan

BAHAN-BAHAN:
- ¾ cawan mentega tanpa garam suhu bilik
- 1 cawan Gula
- 2 sudu teh Vanila
- 2 biji telur
- 3 auns krim keju
- ½ cawan gula gula, diayak suhu bilik
- 1¾ cawan tepung kek
- 1¼ sudu teh serbuk penaik
- ¼ sudu teh Garam
- 1 cawan kismis kering
- ⅔ cawan Buttermilk
- 2 sudu teh jus lemon segar

ARAHAN:

a) PANASKAN OVEN KE 325F, dengan rak di tengah ketuhar. Minyak loyang bersaiz 9 inci (kapasiti 7 cawan) dengan banyak. Habuk dengan tepung; ketuk kuali di atas sink untuk membuang lebihan tepung.

b) Potong sekeping kertas parchment atau kertas berlilin agar sesuai dengan bahagian bawah kuali. Mengetepikan. UNTUK KEK, gunakan mixer untuk krim mentega, gula dan vanila sehingga kembang. Masukkan telur, 1 per satu, pukul setiap satu hingga kembang. Tambah keju krim. Gaul hingga sebati.

c) Ayak tepung, serbuk penaik dan garam bersama. Letakkan currant dalam mangkuk kecil. Masukkan ¼ cawan campuran tepung ke kismis. Kacau kismis sehingga bersalut dengan baik.

d) Masukkan baki tepung ke dalam adunan, berselang seli dengan buttermilk. Gaul hingga rata. Gunakan sudu kayu untuk kacau dalam currant dan semua tepung.

e) Kacau sehingga sebati. Pindahkan adunan ke dalam kuali yang telah disediakan. Permukaan licin dengan spatula. Bakar sehingga keperangan dan pencungkil gigi yang dimasukkan ke tengah keluar bersih, kira-kira 1 jam, 25 minit. Kek akan retak di atas. Biarkan kek berehat dalam kuali selama 10 minit. Gunakan spatula logam fleksibel untuk memisahkan kek dari sisi kuali.

f) Keluarkan kek dari kuali ke rak penyejuk dengan berhati-hati. Sapukan sayu pada kek hangat. Biarkan kek sejuk sepenuhnya. Kek boleh disimpan 3 hari pada suhu bilik dalam foil.

g) Kek juga boleh dibekukan sehingga 3 bulan, dibalut kedap udara.

h) UNTUK GLAZE, satukan gula dan jus lemon dalam mangkuk kecil. Kacau hingga rata.

76. Jeli masam wiski Ireland hijau

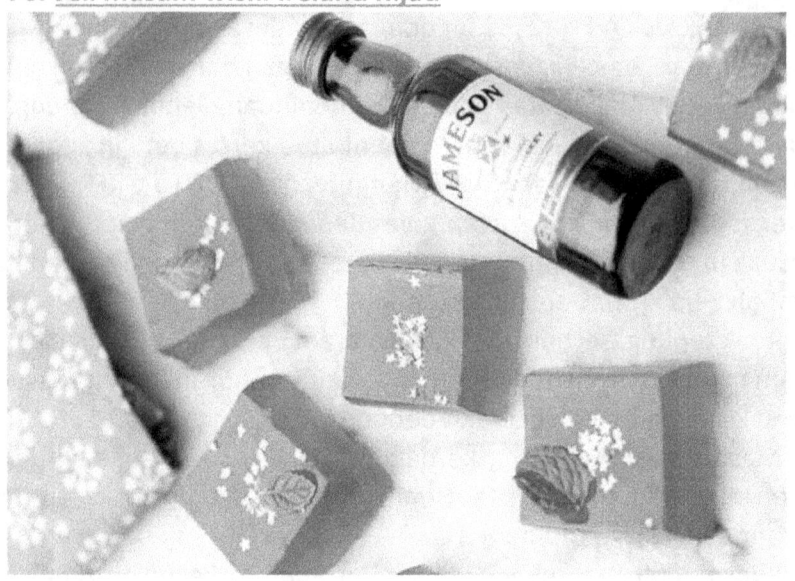

Membuat: 1 Hidangan

BAHAN-BAHAN:
- 2 kotak kecil Gelatin Perisa Lemon-Lime
- 2 cawan Air Mendidih
- 1½ cawan Air Sejuk
- ½ cawan Wiski Ireland

ARAHAN:
a) Gabungkan semuanya.

77. Kek coklat Ireland

Membuat: 1 Hidangan

BAHAN-BAHAN:
- 1 biji telur
- ½ cawan koko
- 1 cawan Gula
- ½ cawan Minyak
- 1½ cawan Tepung
- 1 sudu teh Soda
- ½ cawan Susu
- ½ cawan air panas
- 1 sudu teh Vanila
- ¼ sudu teh Garam
- 1 batang mentega
- 3 sudu besar Koko
- ⅓ cawan Coca cola
- 1 paun gula gula
- 1 cawan kacang cincang

ARAHAN:
a) Satukan gula dan koko, masukkan minyak dan telur, kacau rata. Satukan garam dan tepung, masukkan secara berselang-seli dengan adunan cecair, gaul rata. Masukkan vanila.
b) Bakar dalam loyang lapis atau loyang kek pada suhu 350 selama 30-40 minit.
c) ICING: Satukan mentega, cola dan koko dalam periuk. Panaskan hingga takat didih, tanggalkan penunu, masukkan gula dan kacang dan pukul sebati. Sapukan pada kek.

78. Torte kopi Ireland

Membuat: 10 Hidangan

BAHAN-BAHAN:
- 2 cawan mentega tanpa garam
- 1 cawan Gula
- ¾ cawan kopi panas yang kuat
- ¼ cawan minuman keras krim Ireland
- 16 auns Coklat gelap separuh manis
- 6 biji telur; suhu bilik
- 6 kuning telur; suhu bilik

ARAHAN:
a) Letakkan rak di tengah ketuhar dan panaskan hingga 325F. Banyakkan mentega 8" loyang bentuk spring dan alas bahagian bawah dengan parchment atau kertas lilin. Mentega dan tepung kertas.
b) Cairkan mentega dengan gula, kopi dan minuman keras dalam periuk berat 3 liter di atas api sederhana, kacau sehingga gula larut. Masukkan coklat dan kacau hingga rata. Keluarkan dari haba.
c) Dengan pengadun elektrik, pukul telur dan kuning telur dalam mangkuk besar sehingga tiga kali ganda dalam jumlah dan membentuk reben apabila diangkat. Pukul ke dalam adunan coklat. Tuang adunan ke dalam kuali yang telah disediakan. Letakkan kuali di atas lembaran pembakar yang berat. Bakar sehingga bahagian tepi kembang dan retak sedikit, tetapi bahagian tengah tidak ditetapkan sepenuhnya (kira-kira 1 jam). Jangan terlebih bakar (kek akan tetap apabila ia sejuk). Pindahkan ke rak dan sejukkan. Tutup dan sejukkan semalaman.
d) Jalankan pisau tajam kecil di sekeliling sisi kuali kek untuk melonggarkan. Berhati-hati lepaskan sisi. Letakkan di atas pinggan dan hidangkan dalam bahagian kecil.

79. Yogurt beku krim Ireland

Membuat: 6 hidangan

BAHAN-BAHAN:
- 2 sudu besar Air
- 1 sudu teh gelatin tanpa rasa
- 3 auns coklat separa manis, dicincang kasar
- ¾ cawan susu rendah lemak
- ¼ cawan sirap jagung ringan
- ¼ cawan Gula
- 3 sudu besar Bailey's Irish Cream Liqueur
- 1 cawan yogurt rendah lemak biasa dikacau
- 1 putih telur
- ⅓ cawan Air
- ⅓ cawan susu kering tanpa lemak

ARAHAN:
a) Dalam periuk kecil, satukan 2 tb air dan gelatin: biarkan selama 1 minit. Kacau dengan api perlahan sehingga gelatin larut; mengetepikan. Dalam periuk med, satukan coklat, susu, sirap jagung dan gula.
b) Masak dan pukul dengan api perlahan sehingga adunan sebati. Kacau dalam campuran gelatin terlarut; sejuk. Tambah Irish Cream dan yogurt. Pukul putih telur, ⅓ cawan air dan susu kering tanpa lemak sehingga kaku tetapi tidak kering.
c) Lipat ke dalam adunan yogurt.
d) Bekukan dalam pembuat ais krim mengikut arahan pengeluar.

80. Pai labu creme Ireland

Membuat: 1 Hidangan

BAHAN-BAHAN:
- 1 kerak pai hidangan dalam 9 inci (anda miliki atau beku)
- 1 biji telur, dipukul sedikit
- 1 cawan labu
- ⅔ cawan Gula
- 1 sudu teh kayu manis tanah
- 1 sudu teh Vanila
- ¾ cawan susu sejat
- 8 auns Keju krim pada suhu bilik
- ¼ cawan Gula
- 1 biji telur
- 1 sudu teh Vanila
- 1 sudu besar Baileys Irish Creme

ARAHAN:
a) Panaskan ketuhar kepada 400D.
b) Untuk inti labu, satukan semua bahan sehingga sebati dan sebati.
c) Mengetepikan. Untuk filling Creme , pukul keju dan gula hingga rata.
d) Masukkan telur dan pukul sehingga sebati. Masukkan vanila dan krim Ireland , gaul sehingga rata.
e) Untuk memasang: Tuang separuh daripada campuran labu ke dalam kulit pai. Sudukan separuh adunan creme pada labu. Ulangi dengan baki pengisian. Putar pisau dengan perlahan untuk menghasilkan kesan marmar. Bakar pada suhu 400 selama 30 minit. Kurangkan suhu kepada 350D dan tutup tepi kerak jika perang terlalu cepat.
f) Bakar selama 30 minit lagi. Pai harus bengkak di tengah dan mungkin mempunyai satu atau dua retak di atas.
g) Keluarkan dari ketuhar dan sejukkan sepenuhnya. Ia boleh disejukkan dan krim putar dilicinkan di atas.

81. Pencuci mulut jig Ireland

Membuat: 6 hidangan

BAHAN-BAHAN:
- 2 sudu besar Wiski
- 2 sudu besar Gula
- 1 sudu teh gula manisan
- 2 cawan krim putar berat
- ½ sudu teh ekstrak vanila
- 1 cawan makaroni kelapa

ARAHAN:
a) Hancurkan macaroon dan ketepikan. Pastikan krim putar sejuk sepenuhnya , serta lampiran mangkuk dan pemukul.

b) Campurkan semua bahan kecuali macaroon. Pukul sehingga stiff peak terbentuk. Lipat dalam ¾ cawan makaroni yang telah dihancurkan. Sudukan ke dalam 6-8 gelas pencuci mulut.

c) Taburkan dengan makaroni tambahan. Hidangkan segera.

82. Kuki renda Ireland

Membuat: 1 hidangan

BAHAN-BAHAN:
- 1 batang mentega tanpa garam; lembut (1/2 cawan)
- ¾ cawan gula perang muda yang dibungkus padat
- 2 sudu besar tepung serba guna
- 2 sudu besar Susu
- 1 sudu teh Vanila
- 1¼ cawan oat gulung kuno

ARAHAN:
a) Dalam mangkuk krim mentega dengan gula perang sehingga adunan ringan dan gebu dan pukul dalam tepung, susu, dan vanila.

b) Kacau dalam oat, titiskan sudu teh bulat doh kira-kira 3 inci pada satu sama lain pada lembaran pembakar tanpa minyak, dan bakar biskut dalam kelompok di tengah-tengah 350F yang telah dipanaskan terlebih dahulu. ketuhar selama 10 hingga 12 minit, atau sehingga ia berwarna keemasan.

c) Biarkan kuki berdiri di atas helaian selama 1 minit, atau sehingga ia cukup kukuh untuk digerakkan dengan spatula logam. (Jika dikehendaki, terbalikkan kuki pada helaian dan, bekerja dengan cepat, gulungkannya ke dalam silinder pada helaian. Jika kuki menjadi terlalu sukar untuk digulung, kembalikan ke dalam ketuhar selama beberapa saat dan biarkan ia lembut.)

d) Pindahkan biskut ke dalam rak dan biarkan ia sejuk sepenuhnya.

MINUMAN IRISH

83. Kopi Ireland Packy

BAHAN-BAHAN:
- 1½ oz. Bushmills Wiski Ireland Asli
- 4 oz. kopi panas
- 1 bar sudu gula perang
- 1 oz. krim putar
- KACA: Cawan kopi Ireland

ARAHAN:
a) Cedok gula perang ke dalam cawan kopi Ireland. Tuangkan kopi panas di atas. kacau. Tuangkan Bushmills Original Irish Whisky ke dalam mug.
b) Apungkan krim di atas dengan menuang ke atas belakang sudu.

84. Kopi Ireland

BAHAN-BAHAN:
- 1½ oz. Bushmills Black Bush Irish Whisky
- ½ oz. sirap ringkas
- 2 sengkang oren pahit
- HIASAN: twist oren

ARAHAN:
a) kacau.
b) Tapis ke dalam kaca batu di atas ais segar. Hiaskan dengan twist oren.

85. Clondalkin Snug

BAHAN-BAHAN:
- 3 oz. Guinness
- 3 oz. wain berkilauan

ARAHAN:
a) Tuangkan Guinness ke dalam seruling.
b) Teratas dengan wain berkilauan di atas sudu bar.

86. Jambatan Ha' Penny

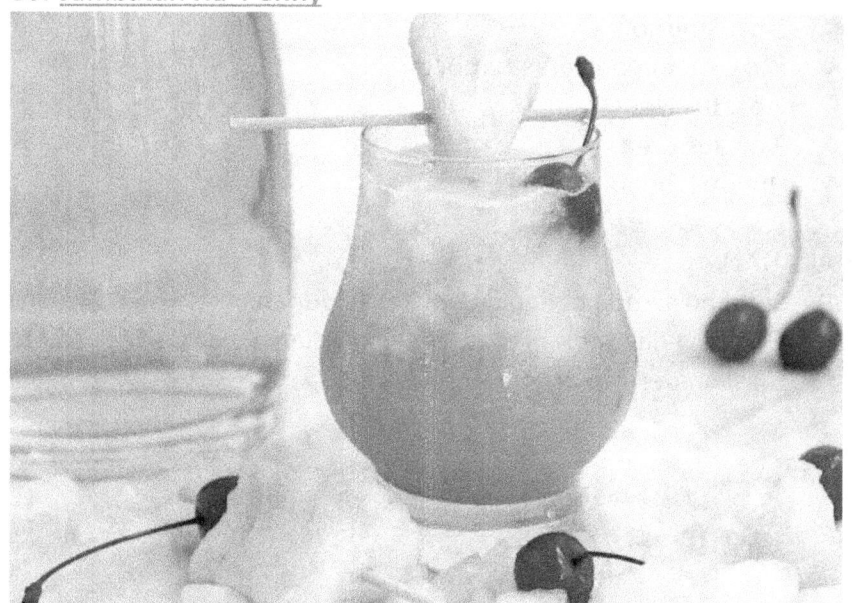

BAHAN-BAHAN:
- 1 oz. Smirnoff
- ½ oz. minuman keras tembikai
- 2 oz. Jus Nenas
- 2 oz. jus oren
- HIASAN: bulan suku oren

ARAHAN:
a) Satukan semua bahan dalam kaca adunan.
b) Goncang dan tapis di atas ais segar dalam gelas Collins yang tinggi. Hiaskan dengan oren.

87. Halia Campbell

BAHAN-BAHAN:
- 1½ oz. Bushmills Black Bush Irish Whisky
- 4 oz. bir halia
- HIASAN: baji limau nipis

ARAHAN:
a) Tambah Bushmills Black Bush Irish Whisky ke dalam gelas Collins yang berisi ais.
b) Teratas dengan bir halia. Hiaskan dengan hirisan limau nipis.

88. Kopi Ireland klasik

Membuat: 2 Hidangan

BAHAN-BAHAN:
- ¼ cawan krim putar sejuk
- 3 sudu teh Gula
- 1⅓ cawan kopi pekat panas
- 6 sudu besar (3 oz.) wiski Ireland

ARAHAN:
a) Letakkan krim putar dan 2 sudu teh gula dalam mangkuk sederhana. Pukul sehingga krim memegang puncak yang kukuh. Sejukkan krim sehingga 30 minit.
b) Panaskan 2 gelas kopi Ireland (mug kaca kecil dengan pemegang) atau gelas bertangkai kalis haba dengan mengalirkan air yang sangat panas ke dalamnya. Keringkan dengan cepat.
c) Letakkan ½ sudu teh gula dalam setiap gelas suam. Tuangkan kopi panas dan kacau untuk melarutkan gula. Tambah 3 sudu wiski Ireland kepada setiap satu. Sudukan krim sejuk di atas kopi dalam setiap gelas dan hidangkan.

89. Pukulan kopi-telur Ireland

Membuat: 3 Quarts

BAHAN-BAHAN:
- 2 liter Eggnog yang disejukkan
- ⅓ cawan gula perang; padat padat
- 3 sudu besar Butiran kopi segera
- ½ sudu teh Kayu Manis
- ½ sudu teh Pala
- 1 cawan wiski Ireland
- 1 liter Kopi aiskrim
- Krim putar manis
- Buah pala yang baru diparut

ARAHAN:
a) Satukan eggnog, gula perang, kopi segera dan rempah dalam mangkuk adunan yang besar; pukul pada kelajuan rendah dengan pengadun elektrik sehingga gula larut.
b) Sejukkan 15 minit; kacau sehingga butiran kopi larut dan kacau dalam wiski. Tutup dan sejukkan sekurang-kurangnya 1 jam.
c) Tuangkan ke dalam mangkuk penebuk atau cawan individu, tinggalkan ruang yang cukup untuk ais krim.
d) Sudu dalam aiskrim. Hiaskan setiap hidangan seperti yang dikehendaki dengan krim putar dan buah pala.

90. Smoothie Ireland

Membuat: 1 Hidangan

BAHAN-BAHAN:
- ½ cawan Brandy
- ¾ cawan Wiski Ireland
- 1 cawan susu pekat manis
- 2 cawan krim kental
- 2 sudu besar Sirap coklat
- 1 sudu besar Kopi segera
- 1 sudu teh Vanila
- 1 sudu teh ekstrak badam

ARAHAN:
a) Satukan semua bahan dalam pengisar; gaul sebati.
b) Isi dalam botol; topi. Simpan dalam peti ais.

91. Kopi Ireland Kahlua

BAHAN-BAHAN:
- 2 oz. Kahlua atau minuman keras kopi
- 2 oz. Wiski Ireland
- 4 cawan kopi panas
- 1/4 cawan Krim putar, disebat

ARAHAN:

a) Tuangkan satu setengah auns minuman keras kopi dalam setiap cawan. Tambah satu setengah auns Irish Whisky kepada setiap satu

b) cawan . Tuangkan kopi panas yang baru dibancuh kukus , kacau. Sudu dua timbunan

c) sudu besar krim putar di atas setiap satu. Hidangkan panas, tetapi tidak terlalu panas sehingga melecurkan bibir.

92. Bailey's Irish Cappuccino

BAHAN-BAHAN:
- 3 oz. Krim Ireland Bailey
- 5 oz. Kopi panas -
- Topping pencuci mulut dalam tin
- 1 biji Pala

ARAHAN:
a) Tuangkan Bailey's Irish Cream ke dalam cawan kopi.
b) Isi dengan kopi hitam panas. Teratas dengan satu semburan topping pencuci mulut.
c) Topping pencuci mulut berhabuk dengan sedikit buah pala

93. Irish Lama yang Baik

BAHAN-BAHAN:
- 1.5 auns Irish Cream Liqueur
- 1.5 auns Wiski Ireland
- 1 cawan kopi dibancuh panas
- 1 Sudu besar krim putar
- 1 biji buah pala

ARAHAN:
a) Dalam cawan kopi, gabungkan krim Ireland dan Wiski Ireland.
b) Isi mug dengan kopi. Teratas dengan sebiji krim putar.
c) Hiaskan dengan taburan Buah Pala.

94. Kopi Ireland Bushmills

BAHAN-BAHAN:
- 1 1/2 auns wiski Ireland Bushmills
- 1 sudu teh gula perang (pilihan)
- 1 sengkang Crème de menthe, hijau
- Kopi segar Extra Strong
- Krim putar

ARAHAN:

a) Tuangkan wiski ke dalam cawan kopi Ireland dan isi hingga 1/2 inci dari atas dengan kopi. Masukkan gula secukup rasa dan gaul. Teratas dengan krim putar dan gerimis crème de menthe di atasnya.

b) Celupkan tepi cawan ke dalam gula hingga menutupi tepi.

95. Kopi Ireland Hitam

BAHAN-BAHAN:
- 1 cawan Kopi pekat
- 1 1/2 oz. wiski Ireland
- 1 sudu teh Gula
- 1 Sudu Besar Krim putar

ARAHAN:
a) Campurkan kopi, gula dan wiski dalam cawan boleh microwave yang besar.
b) suhu tinggi 1 hingga 2 minit . Teratas dengan krim putar
c) Berhati-hati semasa minum, mungkin perlu seketika untuk menyejukkan.

96. Kopi Ireland berkrim

BAHAN-BAHAN:
- 1/3 cawan Irish Cream Liqueur
- 1 1/2 cawan Kopi Baru Dibancuh
- 1/4 cawan Krim Berat, sedikit manis dan disebat

ARAHAN:
a) Bahagikan minuman keras dan kopi antara 2 cawan.
b) Teratas dengan krim putar.
c) Hidang.

97. Kopi Ireland Lama

BAHAN-BAHAN:
- 3/4 cawan Air Suam
- 2 Sudu Besar Wiski Ireland
- Topping Pencuci Mulut
- 1 1/2 sudu Kopi Segera Kristal
- Gula Perang Secukup Rasa

ARAHAN:
a) Campurkan air dan kristal kopi segera. Ketuhar gelombang mikro, tidak bertutup, hidup
b) 100% kuasa kira-kira 1 1/2 minit atau hanya sehingga mengukus panas. Kacau dalam wiski Ireland dan gula perang.

98. Kopi Rum

BAHAN-BAHAN:
- 12 oz. Kopi kisar segar, sebaik-baiknya pudina coklat, atau coklat Swiss
- 2 oz. Atau lebih 151 Rum
- 1 sudu besar krim putar
- 1 oz. Krim Ireland Baileys
- 2 Sudu Besar Sirap coklat

ARAHAN:
a) Kisar kopi segar.
b) bancuh.
c) Dalam mug besar, masukkan 2+ oz. daripada 151 rum di bahagian bawah.
d) Tuangkan kopi panas ke dalam cawan 3/4 bahagian atas.
e) Tambah Bailey's Irish Cream.
f) kacau.
g) Teratas dengan krim putar segar dan gerimis dengan sirap coklat.

99. Impian Dublin

BAHAN-BAHAN:
- 1 Sudu Besar Kopi segera
- 1 1/2 Sudu Besar Coklat panas segera
- 1/2 oz. minuman keras krim Ireland
- 3/4 cawan air mendidih
- 1/4 cawan Krim putar

ARAHAN:
a) Dalam gelas kopi Ireland, letakkan semua bahan kecuali krim putar.
b) Kacau sehingga sebati, dan hiaskan dengan krim putar.

100. Penembak Wiski

BAHAN-BAHAN:
- 1/2 cawan susu skim
- 1/2 cawan yogurt rendah lemak biasa
- 2 sudu teh Gula
- 1 sudu teh serbuk kopi segera
- 1 sudu teh wiski Ireland

ARAHAN:
a) Masukkan semua bahan ke dalam pengisar pada kelajuan rendah.
b) Kisar sehingga anda dapat melihat bahawa bahan-bahan anda digabungkan antara satu sama lain.
c) Gunakan gelas goncang tinggi untuk pembentangan.

KESIMPULAN

Semasa kami mengakhiri perjalanan kami yang penuh rasa melalui "Panduan Memasak Ireland Terunggul," kami berharap anda telah mengalami kegembiraan menguasai seni masakan Ireland dan membawa kehangatan Ireland ke meja anda. Setiap resipi dalam halaman ini adalah perayaan rasa, tradisi dan cerita yang menjadikan masakan Ireland sebagai khazanah masakan—bukti kesederhanaan, kemesraan dan keselesaan yang mentakrifkan masakan.

Sama ada anda telah menikmati kekayaan rebusan Ireland, menikmati kemanisan colcannon atau menggemari makanan laut dan pencuci mulut kontemporari, kami percaya bahawa resipi ini telah mencetuskan semangat anda untuk masakan Ireland. Di sebalik ramuan dan teknik, semoga konsep menguasai seni masakan Ireland menjadi sumber sambungan, perayaan dan kecintaan terhadap perisa yang menyatukan orang ramai.

Sambil anda terus meneroka dunia masakan Ireland, semoga "PANDUAN MEMASAK IRISH TERAKHIR" menjadi teman anda yang boleh dipercayai, membimbing anda melalui pelbagai hidangan yang menangkap intipati Ireland. Inilah untuk menikmati permaidani yang kaya dengan perisa Ireland, berkongsi hidangan dengan orang tersayang dan menerima tradisi yang mengharukan yang menjadikan masakan Ireland benar-benar istimewa. Sláinte !

www.ingramcontent.com/pod-product-compliance
Lightning Source LLC
Chambersburg PA
CBHW071331110526
44591CB00010B/1108